MARCO POLO
IONISCHE INSELN

Reisen mit Insider-Tips

Diese Tips sind die ganz speziellen Empfehlungen unserer Autoren. Sie sind im Text gelb unterlegt.

Fünf Symbole sollen Ihnen die Orientierung in diesem Führer erleichtern:

für Marco Polo Tips – die besten in jeder Kategorie

für alle Objekte, bei denen Sie auch eine schöne Aussicht haben

für Plätze, wo Sie bestimmt viele Einheimische treffen

für Treffpunkte für junge Leute

(110/A 1)
Seitenzahlen und Koordinaten für den Reiseatlas
(O) *Außerhalb des Kartenbereichs*

Diesen Führer schrieb Klaus Bötig, durch zahlreiche Reportagen und Bücher als intimer Kenner Griechenlands bekannt.

Die Marco Polo Reihe wird herausgegeben von Ferdinand Ranft.

Die aktuellsten Insider-Tips finden Sie im Internet unter http://www.marco-polo.de

MAIRS GEOGRAPHISCHER VERLAG

MARCO ✥ POLO

Für Ihre nächste Reise gibt es folgende Titel dieser Reihe:

Ägypten • Alaska • Algarve • Allgäu • Amrum/Föhr • Amsterdam • Andalusien • Antarktis • Argentinien/Buenos Aires • Athen • Australien • Azoren • Bahamas • Bali/Lombok • Baltikum • Bangkok • Barbados • Barcelona • Bayerischer Wald • Berlin • Berner Oberland • Bodensee • Bornholm • Brasilien/Rio • Bretagne • Brüssel • Budapest • Bulgarien • Burgenland • Burgund • Capri • Chalkidiki • Chiemgau/Berchtesgaden • China • Costa Blanca • Costa Brava • Costa del Sol/Granada • Costa Rica • Côte d'Azur • Dalmatinische Küste • Dänemark • Disneyland Paris • Dolomiten • Dominikanische Republik • Dresden • Dubai/Emirate/Oman • Düsseldorf • Ecuador/Galapagos • Eifel • Elba • Elsaß • England • Erzgebirge/Vogtland • Feuerland/Patagonien • Finnland • Flandern • Florenz • Florida • Franken • Frankfurt • Frankreich • Französische Atlantikküste • Fuerteventura • Galicien/Nordwest-Spanien • Gardasee • Golf von Neapel • Gran Canaria • Griechenland • Griechische Inseln/Ägäis • Hamburg • Harz • Hawaii • Heidelberg • Holland • Holländische Küste • Hongkong • Ibiza/Formentera • Indien • Ionische Inseln • Irland • Ischia • Island • Israel • Istanbul • Istrien • Italien • Italien Nord • Italien Süd • Ital. Adria • Ital. Riviera • Jamaika • Japan • Java/Sumatra • Jemen • Jerusalem • Jordanien • Kalifornien • Kanada • Kanada Ost • Kanada West • Kanalinseln • Karibik I • Karibik II • Kärnten • Kenia • Köln • Königsberg/Ostpreußen Nord • Kopenhagen • Korsika • Kos • Kreta • Krim/Schwarzmeerküste • Kuba • Languedoc-Roussillon • Lanzarote • La Palma • Leipzig • Libanon • Lissabon • Lofoten • Loire-Tal • London • Lüneburger Heide • Luxemburg • Macau • Madagaskar • Madeira • Madrid • Mailand/Lombardei • Malaysia • Malediven • Mallorca • Malta • Mark Brandenburg • Marokko • Masurische Seen • Mauritius • Mecklenburger Seenplatte • Menorca • Mexiko • Mosel • Moskau • München • Namibia • Nepal • Neuseeland • New York • Nordseeküste: Schleswig-Holstein • Normandie • Norwegen • Oberbayern • Oberitalienische Seen • Oberschwaben • Österreich • Ostfriesische Inseln • Ostseeküste: Mecklenburg-Vorpommern • Ostseeküste: Schleswig-Holstein • Paris • Peking • Peloponnes • Pfalz • Philippinen • Piemont/Turin • Polen • Portugal • Potsdam • Prag • Provence • Rhodos • Riesengebirge • Rocky Mountains • Rom • Rügen • Rumänien • Rußland • Salzburg/Salzkammergut • Samos • San Francisco • Sardinien • Schottland • Schwarzwald • Schweden • Schweiz • Seychellen • Singapur • Sizilien • Slowakei • Spanien • Spreewald/Lausitz • Sri Lanka • Steiermark • Sankt Petersburg • Südafrika • Südamerika • Südengland • Südkorea • Südsee • Südtirol • Sylt • Syrien • Taiwan • Teneriffa • Tessin • Thailand • Thüringen • Tirol • Tokio • Toskana • Tschechien • Tunesien • Türkei • Türkische Mittelmeerküste • Umbrien • Ungarn • USA • USA: Neuengland • USA Ost • USA Südstaaten • USA Südwest • USA West • Usedom • Venedig • Venezuela • Vietnam • Wales • Die Wartburg/Eisenach und Umgebung • Weimar • Wien • Zürich • Zypern • Die besten Weine in Deutschland • Die 30 tollsten Ziele in Europa • Die tollsten Hotels in Deutschland • Die tollsten Musicals in Deutschland • Die tollsten Restaurants in Deutschland

Die Marco Polo Redaktion freut sich, wenn Sie ihr schreiben: Marco Polo Redaktion, Mairs Geographischer Verlag, Postfach 31 51, D-73751 Ostfildern

Unsere Autoren haben nach bestem Wissen recherchiert. Trotzdem schleichen sich manchmal Fehler ein, für die der Verlag keine Haftung übernehmen kann.

Titelbild: Korfu, Kirche Pondikonissi (Schuster: Jogschies)
Fotos: Autor (16, 24, 29, 30, 33, 34, 43, 72, 75, 84); Jung (20); Lade: Pictures (36, 41, 80);
Mauritius: Hubatka (107), Thonig (90); World Pictures (26); Schuster: Beaudu (10),
Böhm (68), Jogschies (48, 60, 63, 64); Touristik Marketing (4); Uthoff (6, 13, 53, 55, 57)

5., aktualisierte Auflage 1998
© Mairs Geographischer Verlag, Ostfildern
Gestaltung: Thienhaus/Wippermann (Büro Hamburg)
Kartographie Reiseatlas: Mairs Geographischer Verlag
Sprachführer: in Zusammenarbeit mit Ernst Klett Verlag für Wissen und Bildung GmbH,
Redaktion PONS Wörterbücher

Das Werk einschließlich aller seiner Teile ist urheberrechtlich geschützt. Jede urheberrechtsrelevante Verwertung ist ohne Zustimmung des Verlages unzulässig und strafbar. Das gilt insbesondere für Vervielfältigungen, Übersetzungen, Nachahmungen, Mikroverfilmungen und die Einspeicherung und Verarbeitung in elektronischen Systemen.

Printed in Germany
Gedruckt auf 100% chlorfreiem Papier

INHALT

Auftakt: Entdecken Sie die Ionischen Inseln! **5**
*Geographisch und kulturell bilden die Inseln im Ionischen Meer
eine Brücke zwischen Griechenland und Italien*

Geschichtstabelle **8**

Insel-Stichworte: Von Agía bis Zeus **11**
*Was man zum Verständnis von Geschichte und
Gegenwart der Ionischen Inseln wissen sollte*

Essen & Trinken: Speisen wie ein Grieche **21**
*Atmosphäre und Ambiente sind wichtiger als
eine ausgefeilte Kochkunst*

Einkaufen & Souvenirs: Shopping am Straßenrand **25**
Typisch sind landwirtschaftliche Produkte

Insel-Kalender: Fröhlich feiern unter südlichem Himmel ... **27**
*Kulturfestivals, Kirchweihfeste und Prozessionen füllen
einen umfangreichen Festkalender*

Itháki: Im Reich des Odysseus **31**
... sieht man nur selten Fremde

Kefalliniá: Vielfalt von Dörfern und Stränden **37**
Bergland mit Zypressen und Ölbäumen

Korfu (Kérkira): Uralte Olivenwälder und 130 Weiler **49**
*Auch kaiserliche Hoheiten wußten die Schönheit der Insel
zu schätzen*

Léfkas: Wechselspiel von Meer und Land **73**
*Von den Dünen im Norden bis zu den weißen Kreidefelsen
im Süden ein Paradies für Strandliebhaber*

Zákinthos: Die Blume der Levante **81**
*Eine Insel im Widerspruch zwischen Naturschutz und
touristischer Entwicklung*

Routen auf den Ionischen Inseln **91**

Praktische Hinweise: Von Auskunft bis Zoll **95**
*Hier finden Sie kurzgefaßt die wichtigsten Adressen und
Informationen für Ihre Inselreise*

Warnung: Bloß nicht! **100**
*Ausgesprochene Touristenfallen sind selten, aber ein paar Dinge
sollte man wissen*

Sprachführer Griechisch: Sprechen und Verstehen ganz einfach **101**

Reiseatlas Ionische Inseln **109**

Register **122**

Was bekomme ich für mein Geld? **124**

AUFTAKT

Entdecken Sie die Ionischen Inseln!

Geographisch und kulturell bilden die Inseln im Ionischen Meer eine Brücke zwischen Griechenland und Italien

Anders als die meisten griechischen Eilande in der Ägäis sind die Ionischen Inseln grün. Weite Teile von Korfu, Páxi und Othoní sind von uralten Olivenhainen bedeckt, deren bis zu 25 Meter hohe, knorrige Bäume fast schon Urwaldriesen gleichen. Allein auf diesen drei Inseln stehen über fünf Millionen Ölbäume. Auf anderen Inseln mischen sich Zypressen und Pinien unter die Olivenbäume; auf Kefalliniá gibt es gar einen nordisch anmutenden Tannenwald. Die meisten der Ionischen Inseln liegen nicht einsam im weiten Meer: Den Norden von Korfu trennen an der engsten Stelle weniger als zwei Kilometer von der albanischen Küste, die Insel Léfkas nur wenige Kilometer vom akarnanischen Festland. Der Ostküste von Léfkas sind zudem viele kleine Inseln vorgelagert, darunter der Onassis-Besitz Skórpios; Itháki schmiegt sich an den Norden von Kefalliniá an. Die so entstandenen Meeresengen erinnern mit ihren grünen Ufern und den Bergen ringsum an liebliche, oberitalienische Seen.

Zum bis zu 4100 Meter tiefen, offenen Meer hin fallen die Inseln hingegen meist mit imposanten Steilküsten ab, vor denen auf Korfu und Léfkas, Kefalliniá und Zákinthos feinsandige Strände angespült wurden, die manchmal nur mit dem Boot zu erreichen sind. Im Inselinneren schließlich bilden Bergstöcke, die zu den höchsten der griechischen Inselwelt gehören, eindrucksvolle Landschaften: Der höchste Gipfel auf Kefalliniá, der Énos, überragt das Ionische Meer um 1628 Meter, auf Léfkas steht der Gipfelbezwinger 1158 und auf Korfu 906 Meter hoch über den Stränden.

Die Strände sind insbesondere auf Korfu, wo der Tourismus eine lange Tradition hat, gut besucht. Wegen der Nähe zur Adria und zum damals noch österreichisch-ungarischen Dalmatien sah das Eiland, das die Griechen Kérkira nennen, schon um die Jahrhundertwende betuchte Touristen. Zunächst war

Zypressen und Olivenbäume prägen das Landschaftsbild auf Korfu

die österreichische Kaiserin Elisabeth Stammgast, dann der deutsche Kaiser Wilhelm II. Später kamen die Briten, darunter in den dreißiger Jahren die Familie der Schriftsteller Lawrence und Gerald Durrell, die beide hervorragende Korfu-Bücher geschrieben haben.

Korfu ist die wirtschaftlich stärkste und bevölkerungsreichste der Ionischen Inseln, aber bei weitem nicht die einzig touristisch gut erschlossene. Auch Léfkas, Páxi und Zákinthos werden im Sommer schon stärker vom Fremdenverkehr als vom ursprünglichen Eigenleben geprägt. Auf Kefalliniá und Itháki hingegen spielt der Tourismus nur eine bescheidene Nebenrolle; auf den kleinen Eilanden wie Meganíssi, Eríkussa und Othoní gar nächtigt kaum ein Fremder.

Insgesamt sind elf der Ionischen Inseln ständig bewohnt. Auf den Inseln leben etwa 185000 Menschen, davon die Hälfte auf Korfu. Auf der größten Insel des Archipels, Kefalliniá, haben hingegen nur gut 30000 Menschen ihr Zuhause.

Korfu war schon in der klassischen Antike die bedeutendste Insel im Ionischen Meer. Siedler aus Korinth gründeten das antike Kérkira nahe der heutigen Stadt im Jahre 734 v.Chr., bald darauf entstanden auch auf den anderen Inseln griechische Städte. In den folgenden Jahrhunderten waren sie für Hellas vor allem als Zwischenstationen auf dem Weg zu den weitaus bedeutenderen griechischen Städten Unteritaliens und Siziliens von großer Wichtigkeit.

So gerieten Korfu und die Ionischen Inseln denn auch schon früh in den Einflußbereich des erstarkenden Römischen Reichs. Korfu unterwarf sich den Nachfahren des Remus und Romulus bereits 229 v.Chr., die übrigen Eilande des Archipels folgten seinem Beispiel binnen der nächsten 40 Jahre. Als ganz Griechenland in der Mitte des zweiten

Kalámi mit seinem schönen Strand liegt gegenüber der albanischen Küste

AUFTAKT

vorchristlichen Jahrhunderts zur römischen Provinz wurde, waren die Ionischen Inseln wie schon zu Zeiten Großgriechenlands Etappenhäfen auf dem Weg nach Athen und Korinth.

Während der Jahrhunderte des Byzantinischen Kaiserreichs, als die Hauptstadt in Konstantinopel, dem heutigen Istanbul, lag, versanken die Ionischen Inseln in Bedeutungslosigkeit. Erst die Eroberung Konstantinopels durch Venezianer und römisch-katholische Kreuzritter brachte Veränderung. Die Inseln wurden zunächst unter den Eroberern aufgeteilt und gelangten zwischen 1386 und 1503 schließlich nach und nach unter venezianische Herrschaft. Die neuen Herren nutzten sie vor allem als Quelle für Speiseöl und förderten darum den Olivenanbau nach Kräften. Viele der uralten Ölbaumhaine auf den Inseln stammen noch aus jener Zeit.

Den Venezianern haben es die Ionischen Inseln zu verdanken, daß sie mit Ausnahme des extrem festlandsnahen Léfkas nie unter türkische Herrschaft gerieten — anders als das übrige Griechenland. Dieses Fehlen jeglichen türkisch-orientalischen Einflusses prägt ganz wesentlich das Bild des Archipels. Nirgends stehen Moscheen, ragen Minarette auf, spenden türkische Brunnen Wasser. Statt hölzerner Erker sind bogenüberspannte Arkadengänge und vielgeschossige Miethäuser typische Elemente der ionischen Hausbauweise. Der Volksmusik fehlt die orientalische Fremdheit der ägäischen Klänge — und selbst in der bildenden Kunst sind die Ionischen Inseln eigene Wege gegangen. Weil das übrige Griechenland im 16. Jahrhundert mit Ausnahme des ebenfalls venezianischen Kreta unter osmanische Herrschaft geraten war, richteten sich die einheimischen Künstler am Geschmack Italiens aus, gingen dort in die Lehre und arbeiteten in italienischen Werkstätten. Als im 17. Jahrhundert auch noch Kreta türkisch wurde, siedelten viele der dort wirkenden Künstler auf die Ionischen Inseln über und gerieten ebenfalls verstärkt unter westlichen Einfluß: Der Kunststil der Ionischen Schule entstand. Den vollständigsten Überblick darüber gibt das Zákinthos-Museum.

Neben Venedig hat aber auch England dazu beigetragen, daß sich die Ionischen Inseln vom übrigen Hellas unterscheiden. Napoleon hatte Venedig 1797 besiegt und noch im gleichen Jahr die Inseln unter französische Herrschaft gestellt. In den nächsten Jahren waren sie wechselnden Herren — Frankreich, Rußland und England — untertan, bis sie 1815 auf dem Wiener Kongreß als »Republik der Sieben Inseln« zum britischen Protektorat deklariert wurden. In den 49 Jahren, in denen das Vereinigte Königreich mittels eines Lord Hochkommissars die Inseln mehr als Kolonie denn als Schutzgebiet behandelte, entstand die Grundlage für das gute Straßennetz des Archipels und für die moderne Trinkwasserversorgung seiner Städte.

Trotz aller fremden Einflüsse sind die Ionischen Inseln ein echtes Stück Griechenland. Die Insulaner hatten sich immer wieder gegen die ausländischen Herren erhoben, unterstützten die

Geschichtstabelle

1400 v. Chr.
Durch die Mykener werden die Inseln, auf denen man bis zu 50 000 Jahre alte Siedlungsspuren fand, erstmals griechisch besiedelt

734 v. Chr.
Mit der Gründung einer korinthischen Kolonie auf Korfu werden die Ionischen Inseln in die Welt des klassischen Griechenlands einbezogen

229 v. Chr.
Als erste griechische Stadt unterwirft sich Korfu Rom, der im Aufstieg begriffenen neuen Weltmacht

395–1204
Oströmisch-byzantinische Zeit. Die Ionischen Inseln werden von Konstantinopel aus regiert. Im 12. Jh. kommt es zu zahlreichen normannischen Überfällen; Zákinthos und Kefalliniá sind 100 Jahre lang Teil des Königreichs Sizilien

1204
Die Venezianer veranlassen die Teilnehmer am vierten Kreuzzug zur Eroberung Konstantinopels. Die Ionischen Inseln werden unter verschiedene italienische Adelsgeschlechter aufgeteilt. Das Byzantinische Reich zerbricht

1386
Die Venezianer übernehmen Korfu, 1482 dann auch Zákinthos, 1500 Kefalliniá und 1503 Itháki. Léfkas hingegen wird 1467 türkisch und fällt erst 1684 an Venedig

1797–1815
Zunächst besetzt Napoleon die Ionischen Inseln. Dann werden sie unter russischem und türkischem Protektorat unabhängig, 1807 wieder französisch und 1809 britisch

1815–1864
Die Ionischen Inseln werden unabhängige Republik unter dem Protektorat Großbritanniens, das die Inseln allerdings wie eine Kolonie verwaltet. Während des Griechischen Freiheitskampfes gegen die Türken (1821–1829) unterstützt die Bevölkerung der Ionischen Inseln die Aufständischen

1864
Die Ionischen Inseln werden dem freien Griechenland angeschlossen

1941–1944
Die Ionischen Inseln werden von italienischen und deutschen Truppen besetzt

1953
Ein Erdbeben zerstört zahllose Dörfer und die Stadt auf Zákinthos. Es richtet auch auf Itháki, Kefalliniá und Léfkas schwere Schäden an

1967–1974
Militärdiktatur in Griechenland

1996
Der amtierende Ministerpräsident Andreas Papandreou von der sozialistischen PASOK tritt aus gesundheitlichen Gründen zurück, Nachfolger wird sein Parteifreund Kostas Simitis

AUFTAKT

übrigen Griechen trotz britischen Verbots 1821 bis 1829 in ihrem Freiheitskampf gegen die Türken und drängten anschließend auf einen Anschluß ihrer Inseln an das freie Hellas. 1864 war es soweit: Korfu und die anderen Ionischen Inseln wurden mit dem Mutterland vereint.

Viele Insulaner sind stolz darauf, daß das kulturelle und das Bildungsniveau auf ihren Eilanden höher ist als im griechischen Durchschnitt, manche vermögen hier sogar eine größere Gleichberechtigung und ein stärkeres Selbstbewußtsein der Frauen zu erkennen. Das wird auf die historischen Einflüsse aus dem Westen zurückgeführt. Ansonsten aber fühlen sich die Bewohner des Archipels als echte Griechen – und sind es auch.

In den Badeorten an den Küsten von Korfu und Zákinthos läßt sich typisch griechisches Leben heutzutage im Sommer freilich kaum noch finden. Sie sind internationalisiert, werden im August von Italienern und in den übrigen Sommermonaten von Briten und Deutschen beherrscht. Mehr bodenständigen Charakter haben da schon die Städte – und vor allem die Dörfer im Inselinneren. Am besten steuert man sie mit dem Linienbus an. Da erlebt man Bauern, die vom Markt kommen, hört vielleicht echt griechische Musik aus dem Radio und sieht Frauen, die sich vor jeder Kurve und Kapelle bekreuzigen. Steigt man dann auf dem Dorfplatz aus, hat man das touristische Treiben des Urlaubsortes schon während der Fahrt hinter sich gelassen.

Im Dorf streift man dann am besten nicht sofort durch die Gassen, sondern nimmt zunächst einmal in einem der Kaffeehäuser an der Platía Platz. Nach einer Stunde ist man im Dorf schon gut bekannt, ist kein Fremder mehr, da die meisten Dorfbewohner viele Male am Tag zum Dorfplatz kommen. Danach verläuft der Bummel durch den Ort ganz anders, man gehört schon fast dazu, hat vielleicht selbst schon ein paar Bekannte. Vom Kaffeehausstuhl aus läßt sich zudem der dörfliche Lebensrhythmus am besten beobachten. Man sieht Bauern und Bäuerinnen, die noch mit Esel oder Maultier auf ihr Feld und in ihren Olivenhain ziehen, sieht Kinder in ihren Schuluniformen zur Schule gehen, vernimmt durchreisende Roma unüberhörbar ihre Waren durch den krächzenden Lautsprecher auf ihrem Kleintransporter anpreisen, alte Männer diskutieren und Távli, Karten oder Dame spielen.

Zum Kennenlernen des wahren, noch nicht vom Tourismus geprägten Griechenlands gehören aber auch ein Spaziergang durch die Olivenhaine und eine Mußestunde an einem Fischerhafen, wo man den Männern und Frauen beim Netzeflicken zusehen kann. Wer nach all diesen Erfahrungen vom Griechenland-Bazillus erfaßt worden ist, kann erwägen, einmal aufs vorgebuchte Hotel im Urlaubsort zu verzichten und eine Nacht in einem stillen Bergdorf oder auf einem abseits gelegenen Inselwinzling zu verbringen. Wenn es dort auch nur wenige richtige Hotels gibt, so läßt sich ein einfaches Privatzimmer mit Familienanschluß doch nahezu überall finden.

STICHWORTE

Von Agía bis Zeus

Was man zum Verständnis von Geschichte und Gegenwart der Ionischen Inseln wissen sollte

Agía, Ágios

Die drei Wörter *Agía, Agíi* und *Ágios* begegnen dem Reisenden immer wieder. Sie sind Teil von Orts- und Kirchennamen, kommen in den Namen von Fischerbooten und Autofähren vor. *Agía* heißt Heilige, *Ágios* Heiliger, *Agíi* ist die Mehrzahl von beiden. Der Gottesmutter Maria gebührt ein besonderer Ehrenname. Sie ist die *Panagía,* die Allheilige.

Augustus

Octavian, der spätere römische Kaiser Augustus, errang seinen entscheidenden Sieg über seinen Konkurrenten Antonius und dessen Geliebte Kleopatra im Jahr 31 v. Chr. in der Seeschlacht von Actium nahe der Insel Léfkas. Von anderen berühmten Römern weiß man, daß sie sich in Kassiópi an der Nordküste Korfus von den Strapazen anstrengender Seereisen erholten. Nero sang hier vor dem Altar des Gottes Jupiter; Cicero gab sich hier seinen Gedanken hin.

Orthodoxe Priester gehören zum Bild der Inseln

Byzanz

Byzanz ist heute kaum noch einem Westeuropäer ein Begriff – dabei steht der Name für ein Reich, das 1000 Jahre lang bestand und antike Werte und Errungenschaften für die ganze Welt ins hohe Mittelalter hinüberrettete.

Byzanz wurde 1453 von den Türken erobert und in Istanbul umbenannt. Griechen aus Megará bei Athen hatten die Stadt als Byzantion um 660 v. Chr. gegründet; Kaiser Konstantin verlegte 330 die Hauptstadt des Reiches hierher. Als Kaiser Theodosius 395 das Imperium teilte, wurde die Stadt, jetzt Konstantinopel genannt, zum Zentrum des Oströmischen Reiches.

Während Rom und das Weströmische Reich im 5. Jh. unter den Angriffen der Westgoten, Vandalen und Hunnen untergingen, konnten die oströmischen Kaiser ihr Reich halten und ausbauen. Unter Kaiser Justinian I. (527–565) reichte es bis nach Italien, Nordafrika und weit nach Kleinasien hinein. Die Ionischen Inseln waren bis zum frühen 12. Jh. ein Teil dieses Reiches.

Eptánissiá
Eptánissiá nennen die Griechen die Ionischen Inseln; die Briten sprechen von den Seven Islands. Beides bedeutet das gleiche: sieben Inseln. Gemeint sind damit Korfu, Páxi, Léfkas, Itháki, Kefalliniá, Zákinthos und Kíthira – die noch kleineren Inseln werden unterschlagen.

Erdbeben
Leichte Erdbeben sind auf den Ionischen Inseln häufig. Ein katastrophales Erdbeben suchte die südlichen Eilande vom 9. bis 12. August 1953 heim. Auf Zákinthos wurden dabei 94%, auf Kefalliniá 91% und auf Itháki 70% aller Häuser zerstört. Darum sind auf diesen Inseln so wenig Dörfer mit traditioneller Architektur zu finden.

Fauna
Hunde und Katzen sind die Tiere, denen der Urlauber am häufigsten begegnen wird. Wildlebende Säugetiere hingegen sind selten geworden. Es soll noch Kaninchen, Füchse, Marder, Igel und Wiesel geben. Reichhaltiger ist die Vogelwelt, zu der Elster und Pirol, Wiedehopf und Eichelhäher, Kuckuck, Schwalbe und Kauz gehören. In einsameren Bergregionen sieht man noch Bussarde und Falken, an den flachen Küsten Reiher. Schlangen begegnet man gelegentlich auf Wanderungen. Giftig ist nur die Sandotter, ungiftige Arten sind die Zorn-, Schlank- und Eidechsennatter. Landschildkröten sind häufig, Skorpione selten. Das Meer ist durch Überfischung und Dynamitfischerei fischarm geworden, so daß die Fischpreise hoch sind. Delphine werden gelegentlich gesichtet; Zwischenfälle mit Haien sind nicht bekannt geworden. Gut und humorvoll beschrieben wird Korfus Tierwelt in Gerald Durrells Buch »Meine Familie und anderes Getier«.

Ferien
Die griechischen Sommerferien dauern von Mitte Juni bis Mitte September. Haupturlaubsmonat der Griechen aber ist nur der August. Zwischen dem 1. und dem 20. 8. hält es kaum einen Hellenen zu Hause. Fast alle strömen ans Meer, einige wenige auch in die viel kühleren Berge. Da auch die Italiener überwiegend im August auf die Ionischen Inseln reisen, ist es in diesem Monat äußerst schwierig, ohne vorherige Reservierung ein Zimmer zu bekommen.

Flaggen
Die Farben der griechischen Flagge sind weiß und blau. Schulkindern wird meist erklärt, die Farben würden für Meer, Himmel und Wolken stehen. In Wahrheit aber sind es die bayerischen Farben, die Griechenlands erster König der Neuzeit, der Wittelsbacher Otto, nach seiner Wahl durch die Großmächte mit in sein neues Reich brachte. Vor Kirchen und Klöstern sieht man oft eine viel ältere, besser zu Hellas passende Flagge: Sie zeigt auf gelbem Untergrund einen schwarzen Doppeladler. Er ist das Symbol des Byzantinischen Reiches, zu dem Griechenland bis zu dessen Fall 1453 gehörte.

Flora
Ölbäume und Zypressen sind die markantesten Bäume der Io-

STICHWORTE

nischen Inseln. An Flußläufen sieht man mächtige Platanen, der typische Alleebaum ist der Eukalyptus, an sandigen Meeresufern fühlt sich die widerstandsfähige Tamariske am wohlsten. Weite Flächen nicht mehr bebauten Landes werden von der Phrygana eingenommen, einem Mischbewuchs aus Ginster, Salbei, Schopflavendel, Thymian, Oregano und Zwergwacholder. Stellenweise sieht man dort auch Erdbeerbäume und Steineichen, Mastixsträucher und wilden Spargel. Am Gebirgsstock des Enos wächst die hier beheimatete, dunkle Kefalliniá-Tanne. Neben den bekannteren Obstsorten wird in den Gärten auch gern die vielkernige Mispel angebaut; Wein gedeiht überall, insbesondere aber auf Zákinthos und Kefalliniá.

Ikonen sind ein bei Touristen beliebtes Souvenir

Ikonen

Darstellungen von Heiligen und biblischen Ereignissen auf Tafelbildern nennt man in der orthodoxen Kirche Ikonen. Man findet sie in allen Gotteshäusern, aber auch in Privatwohnungen und Fahrzeugen.

Neben den klassischen Ikonen, wie sie überall im byzantinischen Raum zu finden sind, hängen in Kirchen und Museen der Ionischen Inseln auch als Ikonen bezeichnete Tafelbilder, die unter dem Einfluß Italiens entstanden und eher westlichen Sakralbildern ähneln. Sie werden von den Gläubigen wie jede andere Ikone behandelt, obwohl ihr alle Kriterien einer echten Ikone fehlen. In neuerer Zeit jedoch hält die klassisch-byzantinische Ikone wieder verstärkt Einzug in die Kirchen zwischen Korfu und Zákinthos; neue Ikonen im Stil der »Ionischen Schule« werden kaum mehr gefertigt und als Ikonen anerkannt.

Ikonen sind nämlich etwas ganz anderes als fromme Bilder in unseren Kirchen. Sie sind »Tore zum Himmel«. Sie bringen den Heiligen ins Haus, machen ihn präsent. Deswegen genießen sie große Verehrung, werden geküßt, mit Edelmetall, kostbar bestickten Vorhängen, Edelsteinen, Ringen und Uhren geschmückt. Wahre Ikonen werden als Konsulate des Himmels auf Erden angesehen. Deshalb werden sie behandelt, als wären sie der oder die Heilige selbst.

Götzendienst ist das beileibe nicht. Die Verehrung gilt ja nicht dem Bild, weil die wahre Ikone sehr viel mehr als nur ein Bild ist. Die Verehrung gilt dem Dargestellten. Die Ikone ist nicht das Abbild des Heiligen, sondern mit ihm wesenseins.

Der klassische Ikonenmaler muß sich ebenso wie der Schöpfer von Wandmalereien in den Kirchen streng nach uralten Regeln richten. Er hat nur wenig Freiheiten, seine Phantasie und künstlerische Kreativität sind nicht gefragt. Das führt dazu, daß sich so viele wirklich byzantinische Ikonen gleichen, ganz egal, aus welchem Jahrhundert sie stammen. Die Werke der Maler der Ionischen Schule sind hingegen Ausdruck eines völlig unorthodoxen Individualismus. Der traditionelle Ikonenmaler lehnt ihn ab. Für ihn gilt die strenge byzantinische Formentradition. Sie hat sich während und vor allem nach dem Bilderstreit, dem Ikonoklasmos (726–843), herausgebildet. In jener Zeit kam es über die Frage, ob Ikonen von den Gläubigen verehrt werden dürfen, zu einem regelrechten Bürgerkrieg im Byzantinischen Reich. Die Ikonenfreunde siegten. Fortan aber mußte es für alle Darstellungsweisen eine theologische Bedeutung und Rechtfertigung geben und damit Malvorschriften, die auch heute wieder eingehalten werden.

Inflation

Die Inflationsrate erreichte in Griechenland im Dezember 1997 mit 4,7 Prozent den niedrigsten Stand seit 25 Jahren. Fürs Jahr 2000 werden 3 Prozent angestrebt.

Inselheilige

Viele griechische Inseln haben ihren Schutzheiligen. Für Korfu ist es der hl. Spiridon, ein frühchristlicher Märtyrer. Auf Kefalliniá und Zákinthos verehrt man hingegen historisch genau faßbare Heilige: auf Kefalliniá den hl. Gerássimos, der vom Peloponnes stammt und 1579 auf Kefalliniá starb, auf Zákinthos den hl. Dionísios, der 1547 auf der Insel geboren wurde und hier 1622 auch starb. Alle drei Heiligen werden auf Ikonen oft gemeinsam dargestellt.

Jagd

Bei Wanderungen im Inselinnern sieht man auf Schritt und Tritt leere Patronenhülsen aus Plastik in der Landschaft herumliegen, die in 100 Jahren noch nicht verrottet sein werden. Der Grund: Viele griechische Männer sind leidenschaftliche Jäger. Nach einer Schätzung des griechischen Tierschutzvereins gehen jährlich fast 400 000 Männer auf die Jagd, viele von ihnen illegal. Jagdschutzgesetze sind zwar vorhanden, werden jedoch kaum beachtet. So treffen sich in jedem Frühjahr Jäger aus dem ganzen Land auf Zákinthos. Allein auf dieser Insel sind 13 000 Jagdwaffen offiziell registriert, in Wirklichkeit aber über 30 000 vorhanden. Die Jäger schießen Turteltauben und zahlen für gute Unterstände am Berg Skópos bis zu 100 000 Drachmen Miete. Auch Falken, Reiher und viele andere geschützte Vogelarten fallen ihnen zum Opfer. Große und seltene Vögel werden ausgestopft gesammelt; kleinere Singvögel dienen für Schießübungen. Gegessen werden sie nicht. Auch die südlich von Zákinthos gelegenen, unbewohnten Strofaden sind beliebte Jagdreviere illegaler Jäger. Sie fliegen dort gar per Helikopter ein oder reisen mit eigenen Yachten an.

STICHWORTE

Kapodístrias
Viele Straßen auf den Ionischen Inseln sind nach Ioánnis Kapodístrias benannt. Der 1776 auf Korfu geborene Graf hatte schon zwischen 1800 und 1807 verschiedene Ämter auf den Inseln inne, trat später in die diplomatischen Dienste Rußlands ein, das er 1815 auch auf dem Wiener Kongreß vertrat. 1827 wurde er zum ersten Präsidenten des befreiten Griechenlands gewählt. Politische Gegner ermordeten ihn 1831 in der Stadt Nauplia auf dem Peloponnes.

Kioske
Kioske, auf griechisch in der Einzahl *períptero* genannt, stehen auf jedem Platz und in Städten und Dörfern an den meisten größeren Kreuzungen. Meist sind sie jeden Tag der Woche von frühmorgens bis spätnachts geöffnet und bieten alles feil, was der Mensch eventuell dringend brauchen könnte: Zigaretten und Rasierklingen, Zahnbürsten und Kämme, einzelne Aspirintabletten, Kondome und vieles mehr.

Kíthira
In manchen Büchern wird die Insel Kíthira im Süden des Peloponnes zu den Ionischen Inseln gezählt. Das ist gerechtfertigt, weil sie in venezianischer und britischer Zeit unter gleicher Verwaltung stand wie die übrigen Inseln des Archipels. Geographisch gehört sie jedoch eindeutig zum Peloponnes; verwaltet wird sie zusammen mit Attika. Zwischen den Ionischen Inseln und Kíthira bestehen heute keinerlei Verbindungen mehr. Sie wird deswegen in diesem Führer auch nur ganz kurz beschrieben.

Losverkäufer
Losverkäufer gehören zum griechischen Straßenbild wie orthodoxe Priester oder Kioske. Zwei Arten von Losen stehen zur Auswahl: Rubbellose mit sofortigem Gewinnentscheid und Lose der Staatslotterie, deren Gewinnummern an jedem Montagabend gezogen werden.

Meeresschildkröten
An den sandigen Stränden bei Laganás im Süden von Zákinthos legen seit Menschengedenken in jedem Sommer Meeresschildkröten von der Art Caretta caretta (Unechte Karettschildkröte) ihre Eier ab. Jetzt macht der Tourismus den ohnehin vom Aussterben bedrohten Tieren diese Brutstätte streitig. Die Schrauben von Motorbooten verletzen die Muttertiere; in den Sand gesteckte Sonnenschirme zerstören Gelege oder verhindern mit ihrem Schatten, daß die Eier ausgebrütet werden; die Lichter legal und illegal erbauter Hotels und Tavernen hindern die gerade geschlüpften Jungtiere daran, ihren Weg ins rettende Meer zu finden. Wer die Strände nicht ganz boykottieren will, sollte sich zumindest bei den Tierschützern, die am Strand Informationsstände aufgebaut haben, darüber aufklären lassen, wie man Schaden vermeiden kann. Im Ort Fiskárdo auf Kefalliniá kann man sich über die Arbeit des WWF zum Schutz der letzten Meeresschildkröten informieren.

Militär
In Griechenland gilt die allgemeine Wehrpflicht. Die Wehrdienstzeit beträgt beim Heer 18

Monate, bei Marine und Luftwaffe 24 Monate. Der monatliche Sold eines einfachen Soldaten beträgt kümmerliche 1600 Drachmen, also nur etwa zehn Mark.

Mönchsrobben
Zwischen Léfkas und Zákinthos leben noch etwa 20 Mönchsrobben. Diese bis zu 250 kg schweren Tiere sind besonders stark von der Ausrottung bedroht: Weltweit leben zwischen Madeira und dem Schwarzen Meer nur noch etwa 1000 Exemplare. Ihr größter Feind waren früher die Fischer, die sie als Futterfeinde betrachteten; heute sind es Urlauber, die mit ihren Schlauch- und Motorbooten in die verstecktesten Meeresgrotten eindringen und damit die Tiere von ihren Brut- und Ruheplätzen vertreiben.

Odysseus
Itháki gilt als Heimat des Odysseus, Held der Odyssee, eines über 2700 Jahre alten Epos, das dem sagenhaften Dichter und Sänger Homer zugeschrieben wird. Odysseus nahm als König von Ithaka am Krieg um Troja teil, den Homer in seinem anderen Epos, der Ilias, beschrieb. Nach Kriegsende begab sich der Held mit seinen Gefährten an Bord der Schiffe, die sie zurück nach Ithaka bringen sollten. Die Heimfahrt dauerte jedoch zehn Jahre lang; als einziger kam Odysseus dort an.

Zunächst segelte Odysseus mit seinen Mannen zur thrakischen Stadt Ismaros und plünderte sie. Bei den Lotosessern vergaßen die Gefährten dann die Heimfahrt und konnten von

Odysseus: Heimat des sagenhaften Helden soll Itháki gewesen sein

Odysseus nur gewaltsam zurück an Bord gezwungen werden. Der einäugige Riese Polyphem verschlang später zwei seiner Mannen. Auf der Insel des Windgottes Äolos schenkte der Gott Odysseus einen Windschlauch, in dem er alle widrigen Winde einfangen konnte. Doch als Ithaka schon in Sicht war, öffneten einige der Gefährten neugierig den Windschlauch; die Schiffe wurden zu den Lästrygonen abgetrieben. Sie zerstörten alle Schiffe bis auf das des Odysseus und verschlangen viele der Ithaker. Die Übriggebliebenen gelangten mit ihrem König zur Insel der Zauberin Kirke, die viele von ihnen in Schweine verwandelte, auf Drängen des Odysseus dann aber doch wieder menschliche Gestalt gab.

Nachdem die Überlebenden dem lockenden Gesang der Sirenen entgangen waren, weil Odysseus ihnen Wachs in die Ohren stopfte und sich selbst am Mast festband, tötete das sechsköpfige Ungeheuer Skylla sechs der Irrfahrer; auf der Insel Thrinakia schließlich vernichtete Gott Zeus alle Gefährten des Odysseus, weil sie die heiligen Kühe des Sonnengottes Helios verspeist hatten.

Odysseus segelte allein davon, kam zur Nymphe Kalypso, die ihn sieben Jahre lang liebevoll gefangenhielt. Dann war sie aber doch bereit, ihn fortziehen zu lassen. Odysseus gelangte als Schiffbrüchiger nach Korfu, wo ihm der Herrscher der dort lebenden Phäaken ein Boot überließ, mit dem er nach zehnjähriger Irrfahrt endlich wieder in die Heimat gelangte. Dort bedrängten schon lange schamlose Freier seine treue Gattin Penelope und bedrohten seinen Sohn Telemachos. Odysseus gelang es, sie zu vernichten und regierte anschließend noch lange als König über seine Insel.

Parteien

Zwei große Parteien prägen seit dem Sturz der Militärjunta im Jahr 1974 die Politik Griechenlands. Seit Oktober 1993 regiert die von Andréas Papandréou (1919–1996) gegründete sozialdemokratische *Pasók,* die jetzt von Kóstas Simítis geführt wird. Stärkste Oppositionspartei ist die konservative *Néa Demokratía* unter Geórgios Karamanlís. Sie stellte von 1974 bis 1980 und von 1989 bis 1993 die Regierung. Außerdem sind drei Splitterparteien im 300 Sitze zählenden Parlament vertreten, darunter auch die kommunistische *KKE.*

Religion

Fast alle Griechen bekennen sich zum griechisch-orthodoxen Christentum. Die Frömmigkeit ist insbesondere auf dem Lande noch groß.

Dem Urlauber fallen zunächst die Kirchen und die vielen kleinen Kapellen auf, die anders aussehen als bei uns. Manche sind wie überall im übrigen Griechenland im byzantinischen Stil über kreuzförmigem Grundriß mit Kuppel erbaut, andere folgen dem italienisch beeinflußten Stil mit hallenartiger Kirche und hohem, freistehendem Glockenturm. Beiden Typen gemeinsam ist das Fehlen von Statuen, Beichtstühlen und Weihwasserbecken, wie sie in römisch-katholischen Kirchen üblich sind.

Überall auf den Ionischen Inseln begegnet man den orthodoxen Priestern. Sie tragen auch im Alltag lange, dunkle Gewänder, einen üppigen Bart und eine Kopfbedeckung, unter der nur ein mehr oder minder langer Zopf herausschaut. Die orthodoxen Geistlichen dürfen vor der Priesterweihe heiraten und haben oft große Familien. Sie werden vom Staat bezahlt und haben zusätzliche Einnahmen durch Spenden für Taufen, Hochzeiten und Begräbnisse.

Orthodoxe Gottesdienste dauern häufig zwei oder drei Stunden. Nur wenige Kirchenbesucher harren diese lange Zeit über aus. Es herrscht ein ständiges Kommen und Gehen, man plaudert auch während des Gottesdienstes gelegentlich miteinander. Predigten sind kaum üblich; Hauptmerkmal des Gottesdienstes ist der Wechselgesang der täglich unterschiedlichen Liturgie, die vom Priester und einigen Laien zelebriert wird. Gesangbücher gibt es nicht. Äußerliche Unterschiede zwischen orthodoxen und anderen Christen zeigen sich in der Art der Bekreuzigung. Der orthodoxe Christ schlägt das Kreuz nur mit drei Fingern. Ein wichtiges Ritual ist das Küssen der Ikonen.

Die orthodoxen Christen erkennen den Papst nicht als Oberhaupt der Christenheit an. Sie fühlen sich den Aposteln und den frühen Christen eng verbunden, weil sich ihre Glaubensgrundsätze seit dem 9. Jahrhundert nicht mehr verändert haben. Sie beklagen das Werk der protestantischen Reformatoren und die vom Papst immer wieder einmal verkündeten neuen Dogmen als Menschenwerk und Abweichungen vom wahren Glauben. Zur offiziellen Kirchenspaltung, dem Schisma, kam es bereits im Jahr 1054. Dogmatische Unterschiede gibt es viele. Zur Kirchenspaltung kam es, weil die Orthodoxen glauben, daß der Heilige Geist nur von Gottvater ausgeht, während die »Papisten« verkündeten, er ginge von Vater und Sohn zugleich aus. Für die Orthodoxen ist Maria nach ihrem Tode nicht leiblich gen Himmel gefahren, Christus trug nur ihre Seele davon. Darum wird am 15. August, einem der höchsten Feiertage des orthodoxen Festkalenders, auch nicht Mariä Himmelfahrt gedacht, sondern Mariä Entschlafung.

Schulsystem

Die Schulpflicht beträgt in Griechenland neun Jahre. Zunächst besuchen alle Schüler sechs Jahre lang die Grundschule, sie heißt *dimotikó*. Darauf folgt die *gymnásio* genannte Mittelschule. Unsere gymnasiale Oberstufe hingegen heißt *líkio*. Sie endet nach dem 12. Schuljahr mit dem Abitur. Koedukation ist überall üblich. Der Schulbesuch ist in Griechenland kostenlos.

Solomos

Der bedeutendste Dichter der Ionischen Inseln und einer der wichtigsten Griechenlands war Dionisios Solomos (1798 bis 1857). In seiner Geburtsstadt Zákinthos ist er in einem ihm gewidmeten Museum beigesetzt. Solomos' Verdienst war es, der griechischen Volkssprache als Sprache der Lyrik anstelle des Italienischen und der gelehrten griechischen Schriftsprache zum Erfolg verholfen zu haben. Er ist auch der Dichter der griechischen Nationalhymne, die ein Korfiot – Nikolaos Mantzaros (1795–1874) – vertonte.

Tageslicht

In Griechenland sind die Wintertage spürbar länger und die Sommertage deutlich kürzer als bei uns. So geht die Sonne beispielsweise Anfang Januar schon um 7.45 Uhr auf und erst um 17.15 Uhr unter. Anfang Juni geht sie aber erst um 6.10 Uhr auf und schon um 20.55 Uhr unter.

Umweltschutz

Umweltschutz wird in Griechenland kleingeschrieben. Den Hellenen fehlen sowohl das Geld als auch das rechte Verständnis für seine Notwendigkeit. Strände werden nur unmittelbar vor Tavernen und Hotels regelmäßig gereinigt, Sondermüll wird kaum gesammelt, sämtlicher Müll verbrennt unter freiem Himmel und setzt so Gifte frei, die auf Felder und Dörfer niederfallen. Abwasserprobleme kennen allerdings nur die größe-

STICHWORTE

ren Städte, weil ansonsten häusliche Abwässer generell in Sickergruben geleitet werden.

Als Urlauber kann man ein wenig dazu beitragen, das Bewußtsein der Griechen für die Umwelt zu schärfen. Man kann z.B. Mineralwasser in Plastikflaschen und Getränke in Dosen zurückweisen, seine eigenen Abfälle demonstrativ in Papierkörbe werfen oder gesammelt mit ins Hotel bringen und ganz allgemein darauf hinweisen, daß Umweltschäden, Bausünden und Meeresverschmutzung die größte Gefahr für die touristische Zukunft und damit auch für den Geldbeutel vieler Griechen darstellen.

Zeus

Wenn die Ionischen Inseln auch arm an antiken Stätten sind, begegnet man antiken Göttern doch häufiger – und sei es nur in Hotel- und Tavernennamen. Schließlich wurden sie auch auf diesen Inseln in griechischer und römischer Zeit überall verehrt. Die Römer gaben ihnen nur neue Namen (hier in Klammern angegeben).

Der Götterberg Olymp wurde als ihr offizieller Wohnsitz angesehen. Göttervater Zeus (Jupiter) galt als der mächtigste unter ihnen. Sein Bruder Poseidon (Neptun) war für das Meer zuständig, sein zweiter Bruder Hades (Pluto) für die Unterwelt. Hera (Juno), die Gemahlin des Zeus, galt als Beschützerin der Ehe. Ihr einziger gemeinsamer Sohn war Hephaistos (Vulcanus), der Gott der Schmiedekunst. Dessen Gemahlin Aphrodite (Venus) war die Göttin der Liebe. Ihr Geliebter war Ares (Mars), der Kriegsgott. Zu den olympischen Göttern gehörten außerdem als Gott der Schönheit und des Lichts Apoll (Apollo), Artemis (Diana), als Göttin der Jagd und Dionysos (Bacchus), als Gott des Weines, des Theaters und der Fruchtbarkeit.

Zeus galt nicht als Schöpfer der Welt. Himmel (Uranos) und Erde (Gaia) waren vielmehr aus dem Chaos entstanden. Der Himmel verbannte alle Kinder in die Unterwelt, die ihm die Erde gebar. Eins konnte sie vor diesem Schicksal bewahren: ihren Sohn Kronos. Auf ihr Geheiß entmannte er den Vater und schwang sich selbst zum Weltherrscher auf. Um selbst einem ähnlichen Schicksal wie dem seines Vaters zu entgehen, verschlang er alle Kinder, die ihm seine Schwester Rhea gebar. Nur Zeus konnte sie retten – und der stürzte dann prompt seinen Vater vom Götterthron.

Die Marco Polo Bitte

Marco Polo war der erste Weltreisende. Er reiste in friedlicher Absicht, verband Ost und West. Er wollte die Welt entdecken, fremde Kulturen kennenlernen, nicht zerstören. Könnte er für uns Reisende des 20. Jahrhunderts nicht Vorbild sein? Aufgeschlossen und friedlich sollte unsere Haltung auf Reisen sein. Dazu gehören auch Respekt vor Mensch und Tier und die Bewahrung der Umwelt.

ESSEN & TRINKEN

Speisen wie ein Grieche

Atmosphäre und Ambiente sind wichtiger als eine ausgefeilte Kochkunst

Griechische Restaurants und Tavernen sind kein Paradies für Feinschmecker. Gourmettempel wie in Frankreich oder Italien sucht man in Hellas vergebens. Die griechische Küche ist bodenständig geblieben, kommt ohne Raffinessen aus und kann dabei doch äußerst schmackhaft sein. Denn auf gute und frische Rohwaren legen die Griechen Wert. So sind denn Fischgerichte und Meeresfrüchte besonders zu empfehlen — leider aber auch besonders teuer.

Die Auswahl an Lokalen ist auf allen Inseln riesig. Viele sind bereits ab 9 Uhr morgens geöffnet und bieten dann ein üppiges englisches Frühstück und diverse Variationen von Omeletts an. Griechischer ist es freilich, wenn man morgens einen Reispudding oder ein Yoghurt mit Honig oder Früchten genießt.

Die meisten griechischen Speiselokale kennen keine Ruhezeit und servieren durchgehend von mittags bis Mitternacht, was der Gast wünscht. Für den kleinen Hunger gibt es nicht nur eine stetig zunehmende Zahl moderner Snack-Bars amerikanischen Stils, sondern immer noch viele kleine Grillbuden, an denen man Gíros im Fladenbrot, griechische Bratwürste und Suvlákia, kleine Fleischspieße, bestellen kann.

TAVERNEN

Als Taverne bezeichnet man ein traditionelles, als Restaurant ein nach westlichen Vorbildern mehr oder minder modern gestaltetes Speiselokal.

Echte Tavernen sind immer einfach. Man sitzt an Holz- oder Blechtischen, die meist nur mit einem Plastiktuch oder einem sehr einfachen Stofftuch bedeckt sind. Um das zu schonen, spannt der Kellner nach Ankunft der Gäste noch eine Papierdecke darüber. Er bringt unaufgefordert einen Korb mit Weißbrot, das auf jeden Fall bezahlt werden muß, kleine Papierservietten und billige Blechbestecke. Die Gäste haben vorher in der Küche oder am Warmhaltetresen ge-

Das Kafeníon ist der Mittelpunkt des Dorflebens

schaut, was es gibt; zusätzlich kann man den Kellner nach seinen Empfehlungen fragen. Speisekarten nimmt ein Grieche fast nie zur Hand; sie sagen nichts über Frische und Qualität der Gerichte aus. Für Ausländer gibt es sie natürlich. Man bestellt am Tisch immer mehrere Gerichte gemeinsam. Der Kellner bringt dann alles auf einmal. Eine bestimmte Reihenfolge oder gar eine Menükomposition kennt der Grieche nicht. Vorspeisen, Salate und Hauptgerichte, ob warm oder kalt, werden zugleich auf den Tisch gestellt. Wer das verhindern will, muß jeden neuen Gang einzeln bestellen.

Alle Teller gehören allen. Jeder nimmt sich auf die Gabel, wonach es ihn gelüstet. Nur selten wünscht man sich *Kalí óreksi*, guten Appetit. Der Wein schimmert in kleinen Wassergläsern, man prostet einander zu: *Stin ijía mas* — auf unsere Gesundheit! In traditionellen Tavernen gibt es noch Wein vom Faß. Gegen den Durst stellt der Kellner dem Gast eine Karaffe mit Wasser, *neró*, dazu.

Kleines Lexikon griechischer Spezialitäten

arnáki fassolákia geschmortes Lammfleisch mit grünen Bohnen

amelétitta Hammelhoden

arsinóisalata Seeigelsalat

briám Ratatouille

choriatikó lukanikó gebratene Landwurst

chtapódi ksidáto in Essig und Öl eingelegte Krake

fasoláda Bohnensuppe

jemistés mit Reis und Hackfleisch gefüllte Paprikaschoten, Tomaten oder Auberginen

juvétsi überbackene, Reis ähnlich sehende Weizennudeln mit Rindfleisch

karidópitta Walnußkuchen

kléftiko mit Kartoffeln im Backofen gegartes Lamm- oder Ziegenfleisch

kokorétsi in Darm gewickelte, am Spieß gegrillte Innereien

kreatópitta in Blätterteig ausgebackenes Fleisch

láchanodolmádes kleine Kohlrouladen in Ei-Zitronen-Soße

lukanikópitta Würstchen im Schlafrock

márides knusprig ausgebackene Sardellen, die man mit Haut und Gräten, Kopf und Schwanz verzehrt

pastitsádo Schmorfleisch mit Nudeln in einer gut gewürzten Tomatensoße — eine Spezialität der Ionischen Inseln

patsária Rote Beete (gekocht, mit Blättern serviert)

revithókeftedes Reibekuchen aus Kichererbsenmehl

rewáni Grießkuchen

salingária Schnecken

sikóti Leber

sofríto geschmortes Fleisch mit Reis in einer mit Knoblauch gewürzten Weißweinsoße — eine Spezialität der Ionischen Inseln

stifádo meist Rind-, manchmal auch Kaninchengulasch mit Zwiebelgemüse in einer mit Zimt gewürzten Tomatensoße

ESSEN & TRINKEN

Als Nachtisch gibt es in echten Tavernen bestenfalls Obst. Auch Kaffee wird hier nur selten serviert. Die Rechnung wird immer für die gesamte Tischgemeinschaft zusammen ausgestellt; bei Ausländern freilich bemüht man sich inzwischen auch, auf deren Wunsch nach getrennter Zahlung einzugehen.

Meeresfrüchte und frischer Fisch werden häufig nach Gewicht abgerechnet. Der Preis in der Speisekarte ist ein Kilopreis. Um unliebsame Überraschungen zu vermeiden, empfiehlt es sich, beim Abwiegen dabeizusein und sogleich nach den Kosten zu fragen.

RESTAURANTS

Dem westlichen Urlaubergeschmack entsprechend gibt es in den Touristenzentren immer seltener Tavernen und dafür moderne Restaurants. Da ist die Atmosphäre anheimelnd, Kerzen brennen auf dem Tisch, auf dem Stofftischdecken und Stoffservietten liegen. Der Wein wird aus Flaschen in richtige Weingläser eingeschenkt, leise Musik sorgt für romantische Untermalung. Die Gerichte aber sind meist die gleichen wie in den Tavernen, ergänzt vielleicht durch einige Anleihen aus der internationalen Küche. Perfekten Service darf man auch in Restaurants nicht erwarten; oft wird zum höheren Preis sogar eine geringere Leistung als in den Tavernen geboten.

OUZERÍ UND KAFENÍON

Traditionelle griechische Eßlokale sind auch die Ouzerien. Die meisten Einheimischen trinken hier kleine Karaffen oder Fläschchen des Nationalgetränks Ouzo, eines Anisschnapses. Dazu werden Oktopus, Fisch- und Fleischgerichte, Salate oder einfach nur Oliven, Gurken und Tomaten serviert; im Unterschied zu anderen Eßlokalen bestellt man hier aber von vielem wenig. Man kann die Auswahl auch dem Wirt überlassen und einfach *pikilía* und *mezédes* (gemischte Hors d'œuvres) ordern.

Griechische Kaffeehäuser sind der Treffpunkt der einheimischen Männerwelt. In den Touristenzentren sind sie zwischen all den Bars und Cafés westlichen Typs manchmal nur noch in den Außenbezirken zu finden, doch in den Dörfern ist das Kafeníon noch immer der Mittelpunkt des sozialen Lebens. Verzehrzwang gibt es nicht. So sieht man häufig volle Kafenía, doch getrunken wird kaum etwas. Man sitzt beieinander, um über Gott und die Welt, vor allem aber über griechische Politik zu reden, Távli (eine Art Backgammon), Dame oder Karten zu spielen.

Wer Kaffee bestellen will, muß dazusagen, wie er ihn wünscht. Beim griechischen Kaffee wird das Wasser nämlich zusammen mit dem Kaffeepulver und dem Zucker aufgekocht. *Kafé ellinikó* gibt es in vielen Variationen: *skétto*, ohne Zucker; *métrio*, mit etwas Zucker; *glikó*, mit viel Zucker; *dipló*, als doppelte Portion. Auch löslicher Kaffee ist in fast allen Kafenía erhältlich. Man bestellt ihn grundsätzlich als *neskafé* — entweder *sestó*, heiß, oder *frappé*, kalt. Am besten sagt man auch hier gleich den gewünschten Süßegrad dazu.

EINKAUFEN & SOUVENIRS

Shopping am Straßenrand

Typisch sind landwirtschaftliche Produkte

Was die Souvenirgeschäfte auf den Ionischen Inseln anzubieten haben, stammt zumeist aus Werkstätten auf dem Festland oder gar aus dem fernen Taiwan. Wer sicher sein will, wirklich Ionisches mit nach Hause zu bringen, kauft landwirtschaftliche Produkte ein. Sie werden nicht nur auf den Märkten, sondern auch in Privathäusern und *Kafenía*, in den Krämerläden der Dörfer und an Ständen am Straßenrand angeboten. Kunsthandwerk kauft man am besten direkt beim Hersteller: Maler und Keramiker findet man auf vielen der Ionischen Inseln.

Ganz besonders beachtenswert, aber selten zu finden, sind Schnitzereien aus Olivenholz: Schalen und Buttermesser, Becher und Teller. Gehäuft angeboten werden sie im Nordwesten Korfus zwischen Paleokastrítsa und Makrádes, wo Händler auch Kräuter aus den Bergen feilbieten.

Wohlduftender Thymianhonig wird von Imkern auf allen Inseln verkauft; das Olivenöl schmeckt am besten, wenn man weiß, aus welchem Hain es stammt. Stickereien und Webarbeiten gibt es zwar auch in den Souvenirgeschäften zuhauf; mehr Spaß macht es aber sicherlich, solche Handarbeiten direkt von den Frauen zu erstehen, die sie gefertigt haben.

Originelle Souvenirs sind außerdem auf Kefalliniá und Zákinthos hergestellte Eaux de toilette und die guten Robóla-Weine von Kefalliniá. Eine Spezialität der Insel Korfu sind die zu Marmelade und Likör verarbeiteten oder als ganzes süß eingelegten Zwergorangen, die sogenannten Kumquats.

Die Ladenschlußzeiten werden in Griechenland von Regierungsbezirk zu Regierungsbezirk und je nach Sparte und Jahreszeit unterschiedlich festgelegt. Im Sommerhalbjahr kann man davon ausgehen, daß alle Märkte und Geschäfte zumindest von 8 bis 13 Uhr geöffnet sind und dienstags, donnerstags und freitags zusätzlich von etwa 17.30 bis 20 Uhr. In den Touristenzentren halten viele Geschäfte abends deutlich länger geöffnet.

Der Maler Livadas auf Kefalliniá bevorzugte Seestücke

INSEL-KALENDER

Fröhlich feiern unter südlichem Himmel

Kulturfestivals, Kirchweihfeste und Prozessionen füllen einen umfangreichen Festkalender

Auf den Ionischen Inseln sind Heilige ein Teil des täglichen Lebens. Ihre Gebeine werden in den Kirchen als Reliquie verehrt und mehrmals im Jahr durch die Straßen der Stadt getragen. Hohe Festtage im Kirchenjahr sind auch Rosenmontag, Ostern und der Tag der Marienentschlafung am 15. August.

Folklore-, Musik-, Theater- und Kulturfestivals werden auf vielen Inseln in den Sommermonaten veranstaltet. Mal sind mittelalterliche Festungen, mal Freilichttheater Schauplatz des Geschehens.

GESETZLICHE FEIERTAGE

Die beweglichen Feiertage richten sich nach dem Julianischen Kalender und fallen nur ausnahmsweise mit unseren gleichnamigen Feiertagen zusammen.
1. Januar *Neujahr*
6. Januar *Epiphanias*
Rosenmontag
25. März *Nationalfeiertag*

Folkloregruppe in typischen Trachten auf Korfu

Karfreitag, Ostersonntag, Ostermontag
1. Mai
21. Mai *Nationalfeiertag der Ionischen Inseln*
Pfingstsonntag und -montag
15. August *Mariä Entschlafung*
28. Oktober *Nationalfeiertag*
25./26. Dezember *Nationalfeiertag*

FESTIVALS UND ÖRTLICHE VERANSTALTUNGEN

Januar
6. Januar: *Epiphanias.* Während die römischen Katholiken das Fest der Heiligen Drei Könige feiern, begeht die orthodoxe Kirche den Tag zur Erinnerung an die Taufe Christi als Wasserweihe. In vielen Küstenorten finden Messen und Prozessionen am Strand statt.

März
Karneval: Wird in Korfu-Stadt an den drei Sonntagen und am Donnerstag vor Rosenmontag gefeiert, in den anderen Städten am letzten Karnevalssonntag.

Rosenmontag: Besonders schön in Zákinthos-Stadt mit Umzug,

> ## MARCO POLO TIPS FÜR FESTE
>
> **1 Osternacht auf Korfu**
> Die ersten Minuten des Ostersonntags werden auf der Esplanade von Korfu zum besonderen Erlebnis (Seite 28)
>
> **2 Kulturfestival auf Léfkas**
> Theater und stimmungsvolle Konzerte in den Mauern einer Festung und Kunstausstellungen mit Niveau (Seite 29)

Weinausschank und Kunsthandwerksausstellungen.

1999 am 22. Februar; 2000 am 13. März; 2001 am 26. Februar.

25. März: *Nationalfeiertag*. Zum Gedenken an den Beginn des griechischen Freiheitskampfes gegen die Türken (1821) finden in allen größeren Städten Paraden und Kranzniederlegungen statt. Klerus und Militär ziehen mit Musik durch die Straßen, dazu viele Schulkinder in schönen Trachten.

April

Sonntag vor Ostern: *Prozession* zu Ehren des hl. Spiridon in Korfu-Stadt.

Karfreitag: Am frühen Abend, in Korfu-Stadt schon nachmittags, ziehen *Prozessionen* durch die Straßen; in der Nacht zum Samstag brennen vor vielen Kirchen Judaspuppen im Feuer, halten Menschen in den Kirchen Wache am Grabe Christi.

Ostersamstag: Prozession zu Ehren des hl. Spiridon in Korfu-Stadt.

★ *Ostern* wird mit einem Gottesdienst um Mitternacht begonnen. In der völlig verdunkelten Kirche verkündet der Priester in den ersten Minuten des Ostersonntags, daß Christus auferstanden ist. Die Gläubigen entzünden mitgebrachte Kerzen an der Kerze des Priesters, ein großes Feuerwerk wie bei uns zu Silvester beginnt. Man geht nach Hause oder in eine Taverne, um die Ostersuppe Margarítsa zu essen (gekocht aus Innereien von Lamm und Ziege) und feiert Ostersonntag und -montag über im Freundes- und Familienkreis.

1999 am 11./12. April; 2000 am 29./30. April; 2001 am 15./16. April.

Mai

21. Mai: *Nationalfeiertag* zum Gedenken der Vereinigung der Ionischen Inseln mit Griechenland im Jahr 1864. Paraden in allen Städten.

Juni

1. Junihälfte: *Frühlingsfestival der Kammermusik* in Korfu-Stadt mit Konzerten im Palast von St. Michael und St. George.

Juli

1. Sonntag im Juli: *Kirchweihfest* in der Wallfahrtskirche von Macherádo auf Zákinthos.

2. Julihälfte: *Theaterfestival* in Argostóli auf Kefalliniá.

August

1.–31. August: Internationales *Festival des mittelalterlichen Theaters*

INSEL-KALENDER

in Zákinthos-Stadt. *Weinfest* in Perachóri auf Itháki.

Erste Augusthälfte: ★ *Kulturfestival* in Lefkáda auf Léfkas.

5./6. August: *Kirchweihfest* mit Musik und Tanz auf der Platía von Stavrós auf Itháki.

2. Sonntag im August: *Nachvollzug einer traditionellen lefkadischen Hochzeit* in Kariá auf Léfkas.

11. August: *Prozession* zu Ehren des hl. Spiridon in Korfu-Stadt.

15. August: *Mariä Entschlafung*, wird in vielen Orten mit Musik und Tanz gefeiert.

16. August: *Reliquienprozession* im Kloster Ágios Gerássimos auf Kefalliniá.

24. August: *Fest mit Feuerwerk* zu Ehren des hl. Dionísios in Zákinthos-Stadt.

Ende August: *Kulturfestival* in Vathí auf Itháki mit internationalen Theatergastspielen und musikalischen Erstaufführungen griechischer Komponisten.

September
1.–30. September: *Kérkira-Festival* in Korfu-Stadt mit Folkloredarbietungen, klassischen Konzerten, Ballett- und Theatervorführungen.

Anfang September: Internationale *Tanzfestivals* in Argostóli und Lixúri auf Kefalliniá.

Oktober
20. Oktober: *Reliquienprozession* im Kloster Ágios Gerássimos auf Kefalliniá.

28. Oktober: *Nationalfeiertag* zum Gedenken an den griechischen Kriegseintritt im Jahre 1940 mit Militärparaden in allen größeren Städten.

November
1. Sonntag: *Prozession* zu Ehren des hl. Spiridon in Korfu-Stadt.

Dezember
24./25. Dezember: *Weihnachten* wird nur in den Kirchen, nicht aber in den Familien gefeiert.

31. Dezember: Die *Silvesternacht* verbringen die meisten griechischen Männer beim Glücksspiel um hohe Beträge. Ihrem Finder Glück bringen soll die Münze, die in die *vassilópitta* eingebacken wurde, einen Kuchen, der um Mitternacht angeschnitten wird. In der Nacht werden die Kinder vom *Ai Vassíli*, ähnlich wie bei uns vom Nikolaus, beschenkt.

Am 25. März, dem Nationalfeiertag, sind die schönen Trachten zu sehen

ITHÁKI

Im Reich des Odysseus

...sieht man nur selten Fremde

Die Heimatinsel des Helden Odysseus, bei uns als Ithaka bekannt, von den Einheimischen meist Thiáki genannt, schmiegt sich dicht an die Ostküste Kefalliniás, von dem sie nur durch einen schmalen Meeresarm getrennt ist. Itháki ist 24 km lang und 6 km breit; der Nord- und der Südteil der Insel sind durch einen 600 m breiten Isthmus miteinander verbunden. So ergeben sich bei Fahrten über die Höhenstraße der Insel immer wieder faszinierende Ausblicke auf Buchten und Küsten.

Bei seiner Heimkehr wurde Odysseus von einem Sauhirten bewirtet

Die meisten Siedlungen liegen im hügeligen, fruchtbaren Inselnorden. Die Dörfer entvölkern sich jedoch zusehends, da immer weniger junge Leute bereit sind, ihr kärgliches Brot mit harter Arbeit in der Landwirtschaft oder Fischerei zu verdienen. So liegt das eigentliche Inselzentrum jetzt im Süden in der Inselhauptstadt Vathí und dem nahen Bergdorf Perachóri.

Daß Itháki schon zu Zeiten des Trojanischen Krieges, also um 1200 v. Chr., besiedelt war, ist sicher nachgewiesen. Ob die Insel aber wirklich jemals einen König namens Odysseus hatte, ist zweifelhaft. Die Ithaker selbst glauben daran — und wollen auch den Reisenden in diesem

---

Hotel- und Restaurantpreise

Hotels
Kategorie 1: 15000—25000 Drs.
Kategorie 2: 9000—15000 Drs.
Kategorie 3: 6000—9000 Drs.
Die Preise gelten für zwei Personen im Doppelzimmer mit Frühstück pro Nacht in der Hauptsaison.

Restaurants
Kategorie 1: über 3000 Drs.
Kategorie 2: 2200—3000 Drs.
Kategorie 3: 1600—2200 Drs.
Die Preise gelten für ein Essen mit Fleischgericht, Beilagen, Salat und einer halben Flasche Wein.

MARCO POLO TIPS FÜR ITHÁKI

1 Kióni
Das schönste Dorf der Insel (Seite 33)

2 Arethusa-Quelle
Eine einsame Wanderung ins Reich der Legenden (Seite 32)

3 Perachóri
Bergdorf mit Panoramablick (Seite 33)

4 Anogí
Bergdorf zwischen bizarren Felsen mit freskengeschmückter Kirche (Seite 32)

5 Stavrós
Ob hier der Palast des Odysseus stand, fragt man sich in guten Tavernen (Seite 34)

Glauben bestärken. So stehen an vielen Stellen der Insel einfache Hinweisschilder, die Quellen und Strände, Höhlen und Ebenen mit Schauplätzen aus der Odyssee in Verbindung bringen. Der Urlauber wird beschäftigt — und wenn die Ziele selbst auch historisch nichts hergeben, so lohnt sich doch der oft schöne Spaziergang dorthin. Andere Sehenswürdigkeiten hat die Insel nämlich kaum zu bieten; auch die wenigen Strände sind klein, kieselig und nicht sehr attraktiv. Dafür sind Vathí und die meisten anderen Orte vom ausländischen Fremdenverkehr noch wenig berührt. Hotels und Fremdenzimmer sind in der Hochsaison knapper als auf anderen Inseln, so daß die Vorausreservierung eines Zimmers vor allem im August ratsam ist.

BESICHTIGUNGEN UND ORTE

Aetós (117/E 3)
Am Hang des 380 m hohen Berges nordwestlich von Vathí lag die antike Stadt Alalkoméne. Sie war von etwa 1400 v.Chr. bis in römische Zeit hinein besiedelt. Auf dem Gipfel sind Zisternen und die Umfassungsmauer der Akropolis aus dem 5. Jh. v.Chr. noch gut erhalten. Auf der Paßhöhe zwischen Ost- und Westküste sind unmittelbar neben der Straße, die von Vathí zum Fähranleger und zur im Sommer oft übervollen Strandbucht von Pisoaéto führt, noch mehrere Quaderlagen eines hellenistischen Turms zu sehen.

Anogí (117/E 2)
★ Das kleine Bergdorf liegt über 500 m hoch auf einer verkarsteten Hochebene mit bizarren Felsblöcken. Unmittelbar an der Hauptstraße steht die Mariä Entschlafung geweihte Kirche mit Campanile und gut erhaltenen Fresken aus dem Jahr 1670.
Schlüssel im Kafeníon nebenan

Arethusa-Quelle (117/F 4)
★ Eine schöne Wanderung führt in etwa 90 Minuten von Vathí zur Quelle, die vor einer steilen Felswand über der südlichen Ostküste der Insel liegt. Hier soll der Hirte des Odysseus die Schweine seines Herrn getränkt haben. Vom Hafen aus folgt man

ITHÁKI

dem Wegweiser »Arethousa Spring« durch den Ort und geht oder fährt dann auf der schmalen Asphaltstraße immer weiter. 800 m, nachdem sie in einen Feldweg übergegangen ist, zweigt nach links ein beschilderter, schmaler Pfad zur Quelle ab.

Dexiá-Bucht (117/E 3)
Die Legende hält die Bucht mit dem kleinen Kiesstrand für den homerischen Forkinos-Hafen, in dem die Phäaken Korfus Odysseus in seiner Heimat absetzten.

Filiatra-Beach (117/F 3)
Am besten aller mit dem Auto erreichbaren Inselstrände liegt man auf Kieselsteinen oder im Gras unter alten Olivenbäumen in unverbauter Umgebung.

Kióni (117/E 2)
★ Kióni gilt vielen als schönster Ort der Insel. Das Dorf umschließt das innere Ende einer Bucht und ist von Olivenbäumen und Zypressen umgeben. Zu Fuß oder per Boot gelangt man in wenigen Minuten zu mehreren kleinen Kiesstränden.

Kloster Katharón (117/E 3)
☼ Vom freistehenden Glockenturm außerhalb des 556 m hoch gelegenen Klosters aus hat man einen schönen Blick über weite Teile der Insel. In der der Gottesmutter geweihten Klosterkirche aus dem Jahr 1696 verdienen die vielen Weihegeschenke Beachtung, darunter auch ein von Onassis gestifteter Leuchter. *Mo–Fr 8–20.30 Uhr*

Nymphengrotte (117/E 3)
Nach seiner glücklichen Heimkehr nach Itháki gab Odysseus seine Habe zunächst in die Obhut von Nymphen, die ihre Wohnstatt in einer kleinen Grotte oberhalb der Dexiá-Bucht hatten. Sie in den Tropfsteingebilden wiedererkennen zu lassen, sollen effektvoll eingesetzte Scheinwerfer und leise Hintergrundmusik ermöglichen. Von der Nymphengrotte kann man in etwa 75 Minuten nach Vathí zurückwandern: Man folge an der Grotte dem Schild zum »Kassonaki Sculptured Grave«, einem aus dem Fels herausgemeißelten Sarkophag mit nur noch schwach erkennbarem Tierrelief. *Nymphengrotte: Mai–Sept. tgl. 9–21 Uhr*

Perachóri, in der Johannes-Kirche

Perachóri (117/F 3)
★ ☼ Nur 2 km oberhalb von Vathí liegt in etwa 300 m Höhe das größte Dorf der Insel (500 Ew.). Zwischen den am Hang verteilten Häusern bleibt viel Platz für Weinterrassen und kleine Olivenhaine; der Blick auf die

Hafenbucht ist außerordentlich schön. Leider fehlen ansprechende Tavernen.

Von der mittelalterlichen Besiedlung dieses Fleckens zeugen noch mehrere Ruinen. Gleich am unteren Ortseingang stehen links der Straße die Überreste eines venezianischen Hauses und einer Kirche, in der Reste von Wandmalereien zu erkennen sind. Im Dorfzentrum weist ein Schild den Pfad durch Olivenhaine zur Ruine der Johanneskirche mit weiteren Fresken.

Platrithiás (117/D 1)
Am Dorfrand steht unmittelbar an der Straße nach Kolliéri ein originelles Denkmal für all die Generationen, die jahrtausendelang den Boden Attikas bestellten: zwei aus alten Mühlsteinen errichtete Obelisken.

Stavrós (117/E 2)
★ Das größte Dorf des Inselnordens (350 Ew.) liegt auf einem Bergrücken, von dem aus sowohl die Ost- als auch die Westküste der Insel zu sehen sind. Auf dem Dorfplatz steht eine Büste des Odysseus, dessen Palast sich nach Meinung einiger Archäologen im Ortsteil Pelikáta befunden haben soll. Eine Stichstraße führt hinunter in die Bucht von Pólis. In dieser Küstenebene wurden Spuren eines antiken Stadions entdeckt; auf dem Bergkamm auf der anderen Seite der Bucht sind noch antike Mauern zu erkennen.

Vathí (117/F 3)
Die Inselhauptstadt (2000 Ew.) ist ein beschauliches Städtchen ohne bedeutende Sehenswürdigkeiten. Sie liegt am inneren Ende einer langen, fjordähnlichen Bucht, die sich nicht direkt zum Meer hin öffnet, sondern sich vielmehr dorthin schlängelt. In den vielen Cafés auf der abends lebhaften Uferpromenade hat man das Gefühl, an einem großen See zu sitzen.

Aus der Zeit vor 1953 steht noch eine Villa am Hafen; die meisten Häuser der Stadt wurden vom Erdbeben ebenso zerstört wie die Quarantänestation aus dem 19. Jh. auf dem Inselchen Lazaretto in der Hafenbucht, zu der man gut hinüberschwimmen kann. Zu den kurzen Kiesstränden auf der anderen Seite der Bucht fahren Badeboote.

Einen Blick wert ist die Mitrópolis-Kiche, Mariä Lichtmeß geweiht. Die Ikonostase ist sehr schön geschnitzt. *Hinter dem Hotel Mentor in der Odos Mar. Ferentiou*

Mühlstein-Obelisk bei Platrithiás

ITHÁKI

MUSEUM

Archäologisches Museum
Ausgestellt sind vor allem Funde aus der Siedlung Alalkomene am Hang des Berges Aetós. *Vathí, Di–So 8.30–15 Uhr, Eintritt frei*

RESTAURANTS

Kantouni
Gefällige Taverne an der Uferpromenade mit Garten hinterm Haus. *Vathí, Odós Ploiarchou Georg. Gratsou, Kategorie 2*

O Kostas/O Kotsilioris
Einfache Taverne in einer Seitengasse der Uferpromenade. *Vathí, Odós Doureiou Ippou, Kategorie 3*

EINKAUFEN

Elpinor
Origineller Laden an der Uferstraße mit Schiffsbildern, Bric-à-brac, bemalten Kieselsteinen und Schmuck. *Vathí, Paralia 160*

HOTELS

Kioni
Apartmenthotel unmittelbar an der Uferpromenade. *7 Zi., Kióni, Tel. 0674/313 62, Kategorie 2*

Mentor
Mit 36 Zimmern und Apartments größtes Inselhotel am innersten Ende der Bucht. *Vathí, Tel. 0674/324 33, Fax 322 93, Kategorie 2*

Nostos
Kleines, zweigeschossiges, sehr gepflegtes Hotel, 900 m vom nächsten Kiesstrand entfernt. *27 Zi., Fríkes, Tel. 0674/311 00, Fax 317 16, Kategorie 2*

Odysseus
Kleine, der Gemeinde gehörende Pension. *10 Zi., Vathí, am innersten Ende der Bucht, Tel. 0674/323 81, Kategorie 3*

AM ABEND

Theatergastspiele und Konzerte finden in Vathí überraschend häufig statt. Andere Interessen befriedigt die immer gut besuchte Diskothek *Chtapodi* im Ortszentrum. Eine gepflegte Abendbar ist die Bar *Sirenes — Ithaki Yacht Club* in einem schön restaurierten Haus in der Parallelgasse zur Uferstraße, der Odós Doureioú Ippou. *Bar Sirenes tgl. ab 19 Uhr, Chtapodi: Di–So ab 22 Uhr*

AUSKUNFT

Auskünfte über die Insel geben die Reisebüros an der Uferpromenade, die auch Zimmer, Apartments und Ferienhäuser vermitteln.

Polyctor Tours
Platía Drakúli, 283 00 Vathí, Tel. 0674/331 20, Fax 331 30

Fährverbindungen
Ganzjährig täglich Verbindungen von Pisoaétos mit Sámi/Kefalliniá, Fiskárdo/Kefalliniá und Vassilikí/Léfkas sowie von Vathí mit Astakós/Festland, Pátras/Festland, Sámi/Kefalliniá und Agía Evfimía/Kefalliniá. Im Hochsommer täglich Verbindung von Fríkes mit Nidrí/Léfkas und Fiskárdo/Kefalliniá.

Im Sommer mehrmals wöchentlich Verbindung von Vathí mit Igumenítsa/Festland, Paxí und Korfu-Stadt. *Auskunft: Hafenpolizei Vathí, Tel. 0674/329 09*

KEFALLINIÁ

Vielfalt von Dörfern und Stränden

Bergland mit Zypressen und Ölbäumen

Vielfältig wie die Insel ist auch die Schreibweise ihres Namens. Vor allem Kefalonia und Cephalonia sind gebräuchlich.

Wie abwechslungsreich Kefalliniá ist, zeigt eine Rundfahrt über die Insel, für die man freilich mindestens drei Tage benötigt — immerhin ist sie ja doppelt so groß wie das deutsche Bundesland Berlin.

Im Norden scheint sich die Halbinsel Érissos an die Umrisse des benachbarten Itháki anzuschmiegen. Nur zwei Dörfer, Ássos und Fiskárdo, liegen hier an der Küste; weitaus die meisten Menschen siedeln in noch sehr ursprünglich gebliebenen Bergdörfern im Binnenland. Die Hänge sind in den niederen Regionen von Ölbäumen und Zypressen bedeckt; auf kleinen Hochebenen werden Getreide, Obst und Gemüse angebaut. An den kahlen Hängen der steil abfallenden Westküste der Halbinsel Érissos weiden Schafe und Ziegen ober- und unterhalb einer atemberaubend schönen, aber auch kurvenreichen und gegen den Abgrund nur stellenweise durch Leitplanken gesicherten Panoramastraße.

Ganz anders gibt sich die Halbinsel Palíki, deren bedeutendster Ort das Städtchen Lixúri ist. Im Osten grenzt sie an die flache, lagunenartige Bucht von Argostóli und steigt von dort sanft zur Westküste hin an, die dann steil ins Ionische Meer abfällt. Lange, rötlich gefärbte Sandstrände säumen die Südküste mit ihren niedrigen, weißen Kalkfelsen und einem fast wüstenhaften Hinterland mit tief eingeschnittenen Trockenbachtälern und tafelbergartigen Plateaus.

Den Kern der Insel bildet ein mächtiges Zentralgebirge mit dem 1131 m hohen, überwiegend kahlen Berg Agía Dínami und dem von dunklen Tannen bestandenen, 1628 m hohen Énos. Parallel dazu verläuft entlang der Ostküste der 1082 m hohe Bergzug des Kókkini Ráchi. In diesen Bergregionen gibt es nur wenige Siedlungen. Dafür

Der schöne Strand Platís Jálos auf der Lassí-Halbinsel ist im Hochsommer oft überfüllt

entstanden in den beiden Küstenebenen an windgeschützten Buchten die beiden Hafenstädtchen Argostóli und Sámi. Sehr dicht besiedelt ist auch das Livátho, eine niedrig gelegene, besonders fruchtbare Region südlich von Argostóli.

Wie überall auf den Inseln hat auch auf Kefalliniá das Erdbeben von 1953 schwere Schäden angerichtet. Städte und Dörfer entstanden in der Folgezeit weitgehend neu; nur im Norden auf der Halbinsel Érissos ist der alte Charakter Kefalliniás noch deutlich erkennbar.

In der Antike trug Kefalliniá vier voneinander unabhängige Stadtstaaten. Verschwunden sind Pale auf der Halbinsel Palíki und Pronnoi beim heutigen Póros. Vom antiken Krane nahe Argostóli sind nur unbedeutende Reste erhalten, doch bei Sámi stehen noch weite Teile der antiken Stadtmauer aufrecht. Auch aus byzantinischer und venezianischer Zeit sind einige Monumente erhalten, so daß Kefalliniá neben seinen vielen Naturschönheiten auch dem historisch Interessierten etliches zu bieten vermag.

BESICHTIGUNGEN UND ORTE

Argostóli (118/B 1)
Die erst 1757 von den Venezianern gegründete Verwaltungs-

MARCO POLO TIPS FÜR KEFALLINIÁ

1 Fiskárdo
Das Bilderbuchdorf der Ionischen Inseln (Seite 40)

2 Palíki-Halbinsel
Rötliche Sandstrände vor weißen Kreidefelsen (Seite 47)

3 Höhle Melissáni
Stalagmiten und Stalaktiten vom Ruderboot aus erleben (Seite 43)

4 Kloster Ágios Gerássimos
Ein Kloster als Pilgerziel (Seite 42)

5 Mírtos
Traumstrand zwischen steilen Küsten (Seite 47)

6 Ássos
Ein kleines Küstendorf und eine mächtige Festung (Seite 40)

7 Berg Énos
Tannenwälder am höchsten Berg der Ionischen Inseln und ein grandioses Panorama (Seite 40)

8 Alt-Same
Antike Mauern und eine byzantinische Kirche in der Bergeinsamkeit (Seite 44)

9 Kirche Ágios Spiridónis in Argostóli
Neue Wandmalereien im traditionellen byzantinischen Stil (Seite 39)

10 Taverne Maria
Beileibe kein Feinschmeckertip, aber exzellente Hausmannskost. Der Clou sind die Wirtsleute: wie aus einem alten Bilderbuch (Seite 45)

KEFALLINIÁ

Meerwassermühlen von Argostóli

Normalerweise fließt das Wasser vom Land ins Meer, nicht umgekehrt. Bei Argostóli war das bis zum schweren Erdbeben von 1953, das die Küste um etwa 50 Zentimeter anhob, anders. Da strömte das Ionische Meer an mehreren Stellen auf der Halbinsel Lássi landeinwärts, versickerte dort im Boden und trat mit Süßwasser vermischt erst viele Kilometer weiter in der Höhle von Melissáni und bei Karavómilos aus Quellen wieder zutage. Wo es bei Argostóli landeinwärts floß, hatte man bereits im 19. Jh. große Wasserräder montiert, die Mühlsteine antrieben. Heute sind sie wieder restauriert, gehören zu Tavernen und können besichtigt werden.

---

hauptstadt der Insel (8000 Ew.) liegt langgestreckt an einem Seitenarm der Bucht von Argostóli ohne Blick aufs offene Meer. Das Erdbeben von 1953 ließ nur wenige alte Gebäude stehen; insgesamt wirkt die Stadt nüchtern-modern. Das rege Geschäftsleben spielt sich vorwiegend an der zwei km langen Uferpromenade ab. An ihr liegen auch der Busbahnhof und der schöne Markt mit seinen auffallend großen, gut bestückten Obst- und Gemüseständen.

❂ Schauplatz der abendlichen Volta, bei der die halbe Stadt auf- und abzuflanieren scheint, ist die tagsüber viel zu große Platía Metaxá. Mit ihren niedrigen, architektonisch gefälligen Hotels und viel Grün im Hintergrund ist sie ein lohnendes Ziel zur Zeit des Sonnenuntergangs.

Die größte Sehenswürdigkeit der Stadt ist neben den beiden Museen die ★ Kirche Ágios Spiridónis an der Haupteinkaufsstraße, der Odós Diad. Konstantinou. Sie wurde innen in den siebziger Jahren vollständig mit Fresken im traditionellen byzantinischen Stil ausgemalt. Der untere Teil der linken Seitenwand ist weiblichen Heiligen vorbehalten, darunter der Kaiserin Theodora, die am Ende des Bilderstreits die Ikonenverehrung wieder einführte. Entsprechend ist sie auch mit einer Ikone in der Hand dargestellt. Auf der rechten Seitenwand sind unten männliche Heilige zu sehen. In den oberen Bereichen der Kirche werden biblische Ereignisse dargestellt, z.B. die Höllenfahrt Christi, die Heilung des Paralytikers, Christi Geburt und Christi Taufe. Eine seltene Darstellung zeigt das Konzil von Nicäa im Jahre 325, bei dem auch Kaiser Konstantin anwesend ist. Der alexandrinische Priester Arian, dessen Glaubenslehre vom Konzil verdammt wurde, ist als einzige Person auf dem Bild ohne Heiligenschein dargestellt.

Das markanteste Bauwerk der Stadt ist die von den Engländern 1813 errichtete *Straßenbrücke* über die flache Bucht, von deren Mauern aus die Einheimischen gern angeln. In ihrer Mitte steht ein kleiner Obelisk, den die Kefallonier den Briten als Dank für die Brücke stifteten. Am gegenüberliegenden Ufer sieht man rechts an der Straße nach Sámi sogleich drei *Friedhöfe*. Auf dem ersten sind noch viele Grabmäler aus der Zeit der britischen Herrschaft zu sehen. *Schlüssel im 500 m entfernten Haus an der klassizistischen Kirche*

Ássos (116/C 3)

★ Das kleine Dörfchen Ássos (70 Ew.) liegt am inneren Ende einer windgeschützten, gern von Yachten besuchten Bucht. Im Osten wird sie von terrassierten Hängen und im Westen von einer Landzunge begrenzt, die die Überreste einer ausgedehnten venezianischen *Festungsanlage* aus dem späten 16. Jh. trägt. Sie ist nur durch einen schmalen, felsigen Isthmus mit der Hauptinsel verbunden. Von Ássos aus verwalteten die Venezianer den Inselnorden; die Burg sollte den Bauern dieser Region bei Piratenüberfällen Schutz bieten. Von den teilweise begehbaren Burgmauern aus bieten sich großartige Ausblicke, im Innern hat üppiges Grün die letzten Gebäudereste überwuchert. Bei einem Bummel durch das Dorf sind noch deutlich die schweren Schäden des Erdbebens von 1953 zu sehen, von dem sich Ássos nicht erholte. Im Winter leben hier nur noch einige wenige alte Leute; im Sommer aber herrscht reger Badebetrieb am kurzen, kieseligen Strand. *Burg tagsüber geöffnet, Eintritt frei*

Avíthos-See (119/E 2)

Seen, die das ganze Jahr über Wasser führen, sind auf den griechischen Inseln eine Seltenheit. So überrascht denn auch das Schilfdickicht am kleinen Avíthos-See, hinter dem Ölbäume und Zypressen wachsen. Er wird aus mehreren starken Quellen gespeist und bewässert das ganze Tal bis hinunter nach Póros. *An der Straße von Sámi nach Póros, 1 km vor Ágios Nikólaos (Abzweigung beschildert)*

Drongaráti-Höhle (117/D 5)

Die 44 m tiefe Tropfsteinhöhle ist effektvoll ausgeleuchtet. Der Komponist Míkis Theodorákis hat hier einmal ein Konzert dirigiert — man kann sich vorstellen, wie stimmungsvoll es war. *An der Straße von Argostóli nach Sámi, tgl. bis Einbruch der Dunkelheit geöffnet, Eintritt 600 Drs.*

Énos (119/E 2)

★ In die Gipfelregion des höchsten Berges der Ionischen Inseln kann man auf einem guten Forstweg mit dem Auto hinauffahren. Bis auf den mit 1628 m höchsten Punkt kann man dann bequem in wenigen Minuten zu Fuß gehen. Auf einer der Gipfel wacht das Sommerhalbjahr über ein Forstmann darüber, daß der dichte Bestand an dunklen Kefalliniá-Tannen nicht in Brand gerät. *Abzweigung auf den Énos von der Straße Argostóli–Sámi aus beschildert*

Fiskárdo (117/D 1)

★ Das schönste Dorf der Insel mit seiner geschwungenen Uferlinie an einer kleinen Bucht gegenüber von Itháki ist vom Erdbeben 1953 kaum betroffen worden. Die alten, gut gepflegten Häuser am Kai geben die ideale Kulisse für das rege Treiben an der kurzen Uferpromenade ab, elegante Yachten und kleine Fährschiffe beleben den Hafen. Benannt ist der kleine Ort nach dem Normannenfürsten Robert Guiscard, der hier auf einem sei-

KEFALLINIÁ

Im Hafen von Fiskárdo ankern Yachten, Fähren und Fischerboote

ner Raubzüge gegen das Byzantinische Reich 1085 starb. Ihm zu Ehren wurde eine normannische Kirche auf der Halbinsel nördlich der Hafenbucht errichtet, deren Ruinen in dieser Umgebung noch immer fremdartig anmuten. Zum Baden eignen sich die flachen Felsschollen am Rand dieser Halbinsel und zwei kleine, zehn Gehminuten entfernte Kiesstrände zu beiden Seiten des Ortes. Dort bieten bis an den Strand reichende Olivenhaine wohltuenden Schatten.

Karavómilos (117/D 5)
Zwischen dem erst nach 1953 neu angelegten Dorf und dem Meer hat sich ein kleiner See gebildet. Aus den Quellen auf seinem Grund fließt mit Süßwasser vermischtes Meerwasser, das auf der Halbinsel Lássi im Boden versickert ist. Auf seinem extrem kurzen Weg in die Bucht von Sámi trieb der Abfluß des Sees das inzwischen restaurierte Wasserrad einer ehemaligen Getreidemühle an. *An der Straße von Agía Evfímia nach Sámi*

Kástro (118/C 2)
Über die Ebene des Livátho ragt ein 320 m hoher Bergrücken auf, der bis 1757 die Inselhauptstadt Ágios Geórgios trug. Geblieben ist von ihr die Burganlage der Venezianer, das *Kástro*, mit einem Mauerumfang von etwa 600 m. *An der Straße von Argostóli nach Skála, Di–So 8.30–15 Uhr*

Kloster Ágios Andréas (118/C 2-3)
Der venezianischen Burg Ágios Geórgios gegenüber liegt in der

Ebene eines der interessantesten Inselklöster. In seiner Hauptkirche wird als Reliquie ein Teil des rechten Fußes des Apostels Andreas verehrt. Bedeutender freilich sind die Ikonen und Fresken in der alten Klosterkirche. Der Bau stammt aus der Zeit um 1600, die ältesten Wandmalereien lassen sich ins 13. Jh. datieren.
Südlich der Straße von Argostóli nach Skála, Mo–Sa 9–13.30 und 17 bis 20.30 Uhr, Eintritt 300 Drs.

Kloster Ágios Gerássimos (119/D 2)
★ Das meistbesuchte Kloster der Insel steht am Rande der 400 m über dem Meer von Bergen umschlossenen Omalon-Ebene. In diesem Landstrich wird der berühmte Robóla-Wein angebaut und in der Kellerei der Winzergenossenschaft nahe dem Kloster gekeltert.

Ein äußerst monumentaler und verschwenderisch mit Marmor ausgestatteter Kirchenneubau prägt heute zusammen mit einer kilometerlangen, schnurgeraden Allee als Zufahrt den ersten Eindruck vom Kloster. Sympathischer und bescheidener wirkt allerdings die alte Klosterkirche, vor der noch eine vom Heiligen selbst im 16. Jh. gepflanzte Platane steht. Eins der Fresken im Innern zeigt das Sterbebett des Heiligen, dessen als in Windeln gewickeltes Kleinkind dargestellte Seele Christus bereits zu sich genommen hat. Die Gebeine des Heiligen ruhen in einem Sarg und können von den Pilgern durch zwei kleine Öffnungen geküßt werden. Zu bestimmten Zeiten liest ein Priester dazu Gebete, die ihm die Gläubigen zuvor auf ein Zettelchen geschrieben haben. Eine Klappe im Kirchenboden führt über eine steile Leiter in eine Höhle hinunter, in der der Inselheilige eine Zeit lang gelebt hat.
Zufahrt von der Straße Argostóli-Sámi aus beschildert

Kloster Kipuréon (116/A 6)
100 m über der einsamen und weithin unzugänglichen Westküste der Halbinsel Palíki leben noch einige Mönche im Kloster Kipuréon.

Die Klosterkirche birgt schöne Ikonen, darunter auch eine, die die drei wichtigsten Inselheiligen der Ionischen Inseln zeigt. Das Kloster Kipuréon wurde 1759 vom nahen Kloster Tafiú aus gegründet, dessen Ruinen von der Straße aus zu sehen sind.
Zufahrt über eine gute Piste

Lássi-Halbinsel (118/B 2)
Die hügelige Halbinsel, auf der auch die Inselhauptstadt Argostóli liegt, kann man als Besucher auch gut zu Fuß umrunden. Auf dem Weg von Argostóli zur Landspitze stehen am Ufer die restaurierten *Schöpfräder* zweier Meerwassermühlen. Das erste findet sich auf dem Areal des Restaurants Thalassómilos, das zweite auf dem des Restaurants O Mílos Katovóthres.

An der Landspitze erbauten die Briten 1820 ein kleines *Rundtempelchen* im dorischen Stil, das als Leuchtfeuer für die Hafeneinfahrt diente. Nach dem Erdbeben von 1953 wurde es vereinfacht wieder aufgebaut.

Etwas weiter zweigt von der Küstenstraße ein ausgeschilderter, etwa 700 m langer Feldweg zum *Monumento Caduti* ab. Das italienische Gefallenendenkmal erinnert an 9470 italie-

KEFALLINIÁ

nische Soldaten, die sich nach der Kapitulation Italiens im September 1943 nicht den deutschen Truppen ergeben wollten und deshalb von ihnen erschossen wurden.

Lixúri (118/B 1)
Der 1534 gegründete Hauptort der Halbinsel Palíki (3500 Ew.) strahlt noch etwas von der Anmut und Vornehmheit aus, die viele Städte auf den Ionischen Inseln durch das Erdbeben von 1953 verloren. Das Marktzentrum breitet sich rund um den Busbahnhof herum aus; sozialer Mittelpunkt ist die große Platía unmittelbar an der Uferstraße. Eine der Villen im oberen Teil der Stadt dient heute als *Museum* und Bibliothek. In den Räumen wurden die vor über 100 Jahren phantasievoll bemalten Decken teilweise restauriert; ausgestellt werden neben Möbeln aus jener Zeit auch einige Ikonen. *Häufige Fährverbindung zwischen Argostóli und Lixúri rund um die Uhr. Museum in der Jakovatíos-Stegásete-Bibliothek Mo—Fr 8 bis 13.30 Uhr, Mo, Di und Do auch 17.30—19.30 Uhr, Sa 9.30 bis 12.30 Uhr, Eintritt frei*

Lurdáta (119/D 3)
In dem wasserreichen, inmitten üppigen Grüns gelegenen Dorf (140 Ew.) birgt die Kirche *Agía Paraskeví* Wandmalereien aus dem 14. Jh.; an der Platía steht unterhalb der Brücke noch ein historisches *Waschhaus*.

Melissáni-Höhle (117/D 5)
★ Der Besuch dieser Tropfsteinhöhle ist ein besonderes Erlebnis, da sie zu einem guten Teil von einem kleinen See ausgefüllt wird, den man auf einem Ruderboot befährt. Das Tageslicht findet durch eine von grünen Bäumen gerahmte Öffnung Einlaß und taucht das glasklare Wasser des Sees in schimmernde Blau-, Grün- und Türkistöne. Im hinteren Teil der Höhle umspült das Wasser ein kleines Inselchen, auf dem sich in der Antike ein Heiligtum für den Hirtengott

Bootsfahrt auf dem See in der Tropfsteinhöhle Melissáni

Pan befand. Was Archäologen hier fanden, ist im Archäologischen Museum von Argostóli ausgestellt. *Tgl. 9 Uhr bis Sonnenuntergang, Eintritt 800 Drs.*

Metaxáta (118/C 3)

Wie die meisten Dörfer in der Livátho-Ebene wirkt das nach dem Erdbeben von 1953 fast völlig neu erbaute Metaxáta mit seinen Villen und Gärten ansprechend und wohlhabend. Lord Byron hielt sich hier 1822/23 vier Monate lang auf, während er auf Geld und Waffen für die Unterstützung des griechischen Freiheitskampfes gegen die Türken wartete.

Außerhalb des Dorfes wurden zahlreiche Schacht- und Kammergräber aus spätmykenischer Zeit freigelegt. *Ausgrabungen lückenhaft eingezäunt. Zufahrt: Man biegt von der Straße zwischen Peratáta und Metaxáta sogleich hinter der beschilderten Abzweigung zum Kloster Ágios Andréas nach rechts in einen unbeschilderten Feldweg ein und erreicht nach 250 m die Umzäunung der Ausgrabungen*

Póros (119/F 2)

Der kleine Hafenort (500 Ew.) entwickelt sich langsam zu einem Touristenzentrum, in dem es aber immer noch ruhig und beschaulich zugeht. 500 m über dem Dorf und sechs Wanderkilometer von ihm entfernt steht das älteste Kloster der Insel, *Moní tis Panagías tis Atrú*. Es wurde bereits 1264 erstmals schriftlich erwähnt. Hinter dem modernen Bau, in dem die Mönche heute leben, erheben sich die alten Klosterbauten und -kapellen in grandioser Bergeinsamkeit mit nicht minder großartigem Blick auf die Küste und hinüber zum Peloponnes. *Zufahrt über einen sehr schlechten Feldweg: 1,4 km vom Ufer entfernt zweigt er nach einer Schlucht von der Straße Póros–Argostóli ab*

Sámi (117/E 5)

Sámi (950 Ew.) erstreckt sich zu Füßen eines Berges, an dem noch deutlich die antiken Stadtmauern zu erkennen sind. Im Ort selbst sind ein römisches *Kammergrab* und die noch 5 m hohen Ziegelsteinmauern einer *römischen Therme* erhalten.

Um zu den Überresten der antiken ★ *Stadt Alt-Same* zu gelangen, folgt man am nordöstlichen Ortsende dem ausgeschilderten Feldweg zum *Kloster Moní Agrílion,* dessen Gebäude nach dem Erdbeben von 1953 neu errichtet wurden. Wo sich der Weg zum zweiten Mal gabelt und wieder ein Wegweiser nach links zum Kloster führt, geht es rechts weiter. Die Stadtmauer, die sich den Hügel entlangzieht, ist gut zu erkennen. An der Kástro genannten Stelle reicht sie nahe einer weißen Kapelle fast bis an den Feldweg heran. Unmittelbar daneben stehen die Ruinen einer mittelalterlichen Klosterkirche und eines antiken Wachturms. Seine Mauern aus sorgfältig behauenen Quadern sind noch bis zu 5 m Höhe erhalten. Drei Gehminuten von hier entfernt liegen im Wald unterhalb der weißen Kapelle versteckt die Ruinen der mittelalterlichen Kirche *Ágios Nikólaos.* Um die kostbaren Fresken in der Apsis zu erhalten, hat man sie mit einem Schutzdach überdeckt. Ein kilometerlanger, aber schmaler Sandstrand erstreckt sich von Sámi bis fast

KEFALLINIÁ

nach Karavómilos. *Kirche Ágios Nikólaos ständig frei zugänglich*

Skála (119/F 3–4)
Am Südrand des kleinen, überwiegend von Engländern aufgesuchten Badeortes mit langem Sandstrand stehen unter einem Schutzdach die gut erhaltenen Grundmauern einer *römischen Villa*. In ihr sind zwei Bodenmosaike erhalten. Das eine zeigt die Opferung von drei Tieren, das andere einen die Neidsucht symbolisierenden Jüngling.

In Richtung Póros liegen zahlreiche weitere Sand-Kiesstrände ohne touristische Einrichtungen. Zwischen der Piste und dem Meer sind neben der weißen *Kapelle Ágios Geórgios* geringfügige Reste eines antiken Tempels aus dem 6. Jh. v.Chr. erhalten. *Römische Villa nur gelegentlich geöffnet*

MUSEEN

Archäologisches Museum
Gezeigt werden Funde vom Werkzeug aus der Steinzeit bis hin zu byzantinischen Münzen. Im letzten Saal sind in einer Vitrine Objekte aus dem Pan-Heiligtum in der Höhle von Melissáni zu sehen. Ein Tonrelief zeigt sechs sich an den Händen haltende Mädchen, die um den Flöte spielenden, gehörnten Hirtengott Pan herumtanzen. *Di–So 8.30–15 Uhr, Eintritt 500 Drs., Argostóli, Odós Roku Vergoti*

Korgialenios-Bibliothek
Die Bibliothek ist die Stiftung eines 1920 verstorbenen reichen Kefalliniers; das Gebäude wurde nach dem Erdbeben 1953 originalgetreu wiedererrichtet. Im Untergeschoß sind zahlreiche Ikonen, Objekte der Volkskunst, Trachten, Möbel, land- und hauswirtschaftliche Geräte sowie historische Fotos ausgestellt. *Mo–Sa 9–14 Uhr, Eintritt 500 Drs., Argostóli, Odós Ilia Zervu*

RESTAURANTS

Captain's Table
Ganzjährig geöffnetes Restaurant nahe dem Hauptplatz mit exzellenter Küche und hervorragendem Service. *Argostóli, Odós B' Georgíu 3, Kategorie 1*

Casa Grec
Gepflegtes Restaurant eines in Kanada aufgewachsenen, gut englisch und französisch sprechenden Ehepaares, das eine moderne griechische Küche, exzellente Steaks und gute Weine bietet. *Argostóli, Odós St. Metaxá 10, tgl. ab 19 Uhr, Kategorie 1*

Faros
Große Taverne an und auf der Uferpromenade am Yacht- und Fischerhafen. Gute Auswahl auch an gekochten Gerichten. Im Frühsommer nisten Schwalben im Gastraum. *Fiskárdo, Kategorie 3*

Maria
★ ☺ In dieser einfachen Taverne betreuen die älteren Wirtsleute Nikos und Maria ihre Gäste noch so herzlich, wie es früher überall üblich war. Auch die Küche macht keinen modischen Schnickschnack mit. Der Wein kommt selbstverständlich vom Faß und stammt aus der Umgebung. *Lixúri, Odós Kosti Palma (eine Gasse, die vom Wasser aus gesehen links von der Platía von der Uferstraße aus abzweigt), Kategorie 3*

Sorrento
Einfaches Restaurant an der Hauptstraße, das außergewöhnliche Spezialitäten und preiswerten frischen Fisch bietet. *Peritáta, Kategorie 3*

Thalassomylos
Restaurant und Musik-Café in einer restaurierten Meerwassermühle mit sehr freundlichem Personal und exzellenter griechischer Küche. *Argostóli, an der Uferstraße zur Spitze der Lássi-Halbinsel, Kategorie 2*

Thassía
Renommiertes Restaurant am Uferkai, das vor allem wegen seines stets frischen Hummers und seiner Langusten gelobt wird. Sechs Fischer fischen exklusiv für dieses Lokal, das aber auch Fleischgerichte serviert. *Fiskárdo, Kategorie 1*

EINKAUFEN

Robola
Der kleine Laden hält alle Weine der einheimischen Kooperative zu günstigen Preisen vorrätig. Hier werden auch gute Weine vom Faß verkauft. *Argostóli, am Markt*

HOTELS

Ássos
Kleine Pension an einer landschaftlich besonders schönen Bucht der Insel. *6 Zi., Ássos, Tel. 0674/515 32, Kategorie 3*

Castello
Kleines Hotel, an der Platía gelegen. *12 Zi., Argostóli, Platía Vallianú, Tel. 0671/232 50, Fax 232 52, Kategorie 2*

Cephalonia Star
Hotel unmittelbar am belebten Fährhafen von Argostóli. *42 Zi., Argostóli, Odós I. Metaxa 50, Tel. 0671/231 81, Kategorie 2*

Filoxenia
Älteres Inselhaus unmittelbar am Hafen mit drei Apartments. Jedes besteht aus zwei Zimmern mit bis zu vier Schlafgelegenheiten und Wohnküche sowie Bad und Balkon oder Terrasse. *Fiskárdo, Tel./Fax 0674/413 19, Kategorie 2*

Hara
✝ Sehr einfaches Hotel im Stadtzentrum mit nur acht Zimmern und Etagenduschen. *Argostóli, Leofóros Georg. Vergóti 87, Tel. 0671/224 27, Kategorie 3*

Ionian Plaza
Bestes Stadthotel der Insel, erstklassiges Preis-Leistungsverhältnis. *43 Zi., Argostóli, Platía Vallianú, Tel. 0671/255 81, Fax 255 85, Kategorie 2*

Ionian Sea
Ein neueres Bungalowhotel mit 46 Betten an einem schönen Inselstrand, jedoch völlig von allen Orten isoliert 10 km südlich Lixúri. *Halbinsel Palíki, Kunópetra, Tel./Fax 0671/922 80, Kategorie 2*

Karavados Beach
In ländlicher Umgebung, etwa 150 m vom Strand entfernt gelegenes Hotel mit Pool. *67 Zi., Karavados, Tel. 0671/694 00, Fax 696 89, Kategorie 2*

Pericles
Hotel im Hinterland von Sámi, 800 m vom Ort und 900 m vom Strand entfernt. Süßwasserpool mit Planschbecken und Tennis-

KEFALLINIÁ

platz. *71 Zi., Sámi, Tel. 0674/ 22780, Fax 22787, Kategorie 2*

Remetzo
Privatzimmer über einer isoliert gelegenen Fischtaverne an der Bucht von Akrotíri; Strand gleich vor der Haustür. *6 Zi., Halbinsel Palíki, Kunópetra, Akrotíri, Tel. 0671/930 02, Kategorie 3*

White Rocks
Hotel und Bungalows im Kiefernwäldchen direkt am Strand. *163 Zi., Platís Jálos, Tel. 0671/ 23167, Fax 28755, Kategorie 1*

STRÄNDE

Makrís und Platís Jálos
Schöne, aber im Hochsommer sehr volle Sandstrände mit Tavernen, vielen Wassersportangeboten und Liegestuhlverleih auf der Argostóli abgewandten Seite der Lássi-Halbinsel. Stündlich Linienbusverbindung zum nahen Argostóli.

Mírtos
★ Der steil abfallende Kieselsteinstrand liegt tief unterhalb der Küstenstraße zwischen der Steilküste. Er ist naturbelassen und nur über einen kurvenreichen Feldweg zu erreichen. Günstige Privatzimmer werden im 3 km entfernten Dorf Anomeriá vermietet.

Palíki-Halbinsel
★ Auf der Palíki-Halbinsel gibt es viele, noch wenig besuchte Strände. Rötlicher Sand erstreckt sich vor niedriger, weißer Kliffküste entlang der gesamten Südküste der Halbinsel von Lepéda bis Kunópetra. Im Norden der Halbinsel führen Stichstraßen hinunter zum Kieselsteinstrand von Petáni und zum kleinen Sandstrand Ágios Spiridón Beach, beide mit Tavernen.

AUSKUNFT

Griechische Zentrale für Fremdenverkehr
Mo–Fr 8.30–15 Uhr, Argostóli, an der Uferstraße nahe dem Fähranleger, Tel. 0671/222 48, Fax 244 66

Archipelagos
Informationen über umwelt- und sozialverträgliche Wanderungen auf Kefalliniá und Itháki sowie über die WWF-Projekte zum Schutz der Mönchsrobbe. Susanne Dimitratu-Fisch und Vangelis Dimitriatos, *Loúrdas, Tel./Fax 0671/311 14*

FÄHRVERBINDUNGEN

Zwischen Argostóli und Lixúri täglich etwa stündlich.

Ganzjährig täglich von Sámi nach Pátras/Peloponnes, Pisoaetos/Itháki, Vathí/Itháki und von Fiskárdo nach Vassilikí/Léfkas. Ebenso ganzjährig zwischen Agía Evfimía und Vathí/Itháki sowie Ástakos/Festland und zwischen Argostóli, Póros und Killíni/Peloponnes. Von Mai bis Oktober zweimal täglich zwischen Pessáda und Skinári/ Zákinthos (in den übrigen Monaten kein Fährverkehr auf dieser Strecke); im Hochsommer täglich, sonst zweimal wöchentlich zwischen Fiskárdo und Fríkes/Itháki sowie Nidrí/Léfkas.

Im Sommer außerdem mehrmals täglich zwischen Argostóli und Killíni/Peloponnes sowie zwischen Sámi und Igumenítsa/ Festland, Páxi und Korfu.

KORFU

Uralte Olivenwälder und 130 Weiler

Auch kaiserliche Hoheiten wußten die Schönheit der Insel zu schätzen

Landeanflug auf Korfu. Unter den Tragflächen breitet sich ein grüner Teppich aus, der sich später als jahrhundertealter Wald mit drei Millionen knorriger Olivenbäume entpuppt. Vereinzelt ragen daraus wie Nadeln schlanke Zypressen auf. Wie Halt in diesem grünen Ozean suchend, drängen sich die Häuser in den kleinen Dörfern an den Hängen dicht aneinander. An der Westküste werden zunächst Steilufer und lange Sandstrände sichtbar, am Ostufer breiten sich Häuser und Hotels in endloser Kette entlang weiter Buchten aus. Dann schwebt die Maschine dicht über die Häuser einer großen Stadt zum Endanflug ein und setzt sicher auf der Landebahn auf, die in eine Lagune hineingebaut wurde: Eine geeignete Ebene für einen Flughafen gibt es in der Topographie der Insel sonst nicht.

Schön ist Korfu überall. Aber nicht überall ist Korfu gleich. So findet man an der Nordküste viele Kilometer lange Sandstrände

Das Achíllion gehörte einst Kaiserin Elisabeth von Österreich

vor nur sanft hügeligem Hinterland. An der Westküste verteilen sich die exzellenten Sandstrände auf viele Buchten, die immer wieder von Steilküsten unterbrochen werden. Im Südwesten haben sich in der Nähe des Korissión-Sees sogar Dünen gebildet. Dort aber, wo die meisten Hotels der Insel stehen, sind die Strände schmal und zumeist kieselig bis steinig: an der Ostküste. Dafür findet man hier lebhafte Urlaubsorte und kann den Blick auf die Berge des gegenüberliegenden Festlands genießen.

Die Stadt Korfu ist ein Erlebnis für sich, das man sich mehrmals zu unterschiedlichen Tageszeiten gönnen sollte. Jedes Bild von der Insel muß aber unvollständig bleiben, wenn man nicht auch einmal abends in eins der stillen Bergdörfer gefahren ist und sich dort unters Volk gemischt hat. Dort spürt man dann auch, daß die Insel nicht allein vom Tourismus lebt — die Olivenwälder sind ihr großer Schatz. Sie sichern den Korfioten eine Lebensgrundlage unabhängig von den Unwägbarkeiten touristischer Launen.

KORFU-STADT

(111/E 5–6) Wer Korfus Inselhauptstadt mit dem Schiff ansteuert oder auch nur einen Blick auf den Stadtplan wirft, erkennt deutlich die beiden markanten Eckpfeiler der Stadt – die Alte und die Neue Festung. Sie gaben Venezianern und Griechen jahrhundertelang Sicherheit vor türkischer Eroberung. Von der Alten Festung aus, die sich auf einer ins Meer vorspringenden Halbinsel erhebt, zog sich die Stadtmauer an der Esplanade entlang gen Süden und knickte dann in Richtung Neue Festung ab. So ergab sich für die mittelalterlich-venezianische Stadt die Form eines fast gleichschenkligen Dreiecks.

★ Innerhalb dieser heute nur noch stellenweise zu erkennenden Mauern ist das alte Stadtbild weitgehend erhalten. Im Wohnviertel Cambiello säumen vier- und fünfgeschossige Miethäuser das verwirrende Labyrinth enger Gassen. Da zu den meisten Wohnungen weder Balkons noch Innenhöfe gehören, hängt die Wäsche zum Trocknen über den Gassen aus. Katzen und Hunde streunen herum, unter dem abbröckelnden Putz werden immer wieder ausgebesserte Mauern sichtbar. Hier liegt ein alter Torbogen frei, dort schmük-

MARCO POLO TIPS FÜR KORFU

1 Altstadt von Korfu
Eine stimmungsvolle Mischung italienischer, griechischer und anderer Einflüsse (Seite 50)

2 Achíllion
Das über 100 Jahre alte Schloß einer österreichischen Kaiserin und eines deutschen Kaisers (Seite 66)

3 Mäuseinsel Pondikoníssi
Korfus meistfotografiertes Motiv (Seite 67)

4 Sidári
Sandige Buchten zwischen weißen Sandsteinfelsen (Seite 63)

5 Paleokastrítsa
Zahllose Buchten, grüne Berge und ein weißes Kloster (Seite 61)

6 Angelókastro
Burgruine in wilder Landschaft (Seite 59)

7 Restaurant Búkari
Korfus beste Fischtaverne im gleichnamigen Küstenort im Süden der Insel (Seite 68)

8 Hotel Saint George's Bay Country Club
Eine vorbildliche Hotelanlage, die sich hervorragend in die Umgebung einpaßt (Seite 65)

9 Páxi-Inseln
Schöne Dörfer und Grotten, in die der Ausflugsdampfer paßt (Seite 70)

10 Insel Erikussa
Sehen und selbst erfahren wie man in der Einsamkeit lebt (Seite 69)

KORFU

ken Reliefs und kleine Skulpturen die Häuser, überall gibt es interessante historische Details zu entdecken. Am schönsten ist ein Bummel durch dieses Viertel am frühen Sonntagmorgen, wenn die Kirchenglocken läuten und gleich darauf aus den Gotteshäusern die frommen Gesänge erklingen. Mit Kirchen ist die ganze Altstadt von Korfu gespickt, denn früher besaß jede wohlhabende Familie ihre eigene. Im Süden und Südosten schließt sich ans Cambiello-Viertel das Geschäftsviertel der Altstadt an. Unter schattigen Arkaden säumen ganze Reihen von Läden breite, marmorgepflasterte Gassen, die sich mehrfach zu kleinen Plätzen öffnen. Die zentrale Achse dieses Gebiets ist die Odós Nikiforos Theotoki. Sie führt von der Esplanade bis hinunter zum Alten Hafen.

Esplanade und Alter Hafen sind die beiden großen Freiflächen der Altstadt, an denen sich die Cafés der Stadt konzentrieren. Während die Esplanade sich aristokratisch gepflegt gibt, herrscht am Alten Hafen viel Verkehr, denn hier laufen rund um die Uhr die Fähren vom Festlandshafen Igumenítsa ein.

Die Neustadt von Korfu außerhalb der alten Stadtmauern ist klar gegliedert. Aus der Altstadt führt die breite Einkaufsstraße Georgios Theotoki hinaus zum zentralen Platz Saroco (San Rocco; offiziell Platía Georgiou Theotoki). Von ihm aus strahlen weitere Straßen zum Neuen Hafen und in die Randgebiete aus. Lohnend ist ein Bummel über die breite Allee Alexandras mit ihren Straßencafés bis hinunter ans Meer. Wo sie auf die Küste stößt, lag in der Antike der Friedhof der Stadt, die sich von hier gen Süden bis nach Kanóni ausbreitete.

BESICHTIGUNGEN

Ágios Jáson ke Sossípatros-Kirche

Die 1000 Jahre alte Kreuzkuppelkirche ist das schönste Beispiel für byzantinische Architektur auf den Ionischen Inseln. Der untere Teil des Mauerwerks wurde aus antiken, regelmäßig behauenen Tuffsteinen errichtet; weiter oben werden die Quader durch Ziegelsteindekorationen getrennt. An der Ostwand sind sie besonders eindrucksvoll.

Im Kircheninnern gibt es einige schöne Ikonen. Als besonders wertvoll gelten die des kretischen Malers Emanuel Tzanes aus der Mitte des 17. Jhs. Es sind die Darstellung der Heiligen Jason und Sossipatros, der thronenden Gottesmutter mit dem Jesuskind und des Christus als Weltenherrscher. *Tagsüber geöffnet, Eintritt frei, Stadtteil Anemómilos, Stadtbus nach Kanóni, Haltestelle Jáson ke Sossípatros*

Ágios Spirídonos-Kirche

◆ Die mit wertvollen Weihegaben von Gläubigen überhäufte Kirche des Schutzheiligen der Insel steht mitten in der Altstadt. Ihr kostbarster Besitz sind die Gebeine des hl. Spiridon, eines zypriotischen Märtyrers aus der Zeit um 300. Die Reliquie gelangte im Jahre 1456 nach Korfu, wo der Heilige im Laufe der Jahrhunderte zahlreiche Wunder bewirkt haben soll. Er errettete die Korfioten ihrer Ansicht nach aus einer Hungersnot, vor der Pest und sogar vor den Türken.

Das Kircheninnere wurde im 18. und 19. Jh. ganz im Stil der Ionischen Malschule ausgeschmückt. Die Ikonostase ist aus dem schon in der Antike sehr geschätzten Marmor von der ägäischen Insel Páros gearbeitet. In der rechten Seitenkapelle hinter der Ikonostase steht der mit getriebenem Silber verkleidete Ebenholz-Sarkophag des hl. Spiridon. Täglich um 18 Uhr wird eine Klappe geöffnet, durch die die Gläubigen seine Füße küssen können. Über dem Sarkophag hängen von Gläubigen gestiftete silberne Ampeln. Einige von ihnen sind deutlich als Weihegaben von Seeleuten oder Reedern zu erkennen. An ihnen hängen silberne Schiffsmodelle oder Votivtäfelchen mit Schiffsreliefs. *Tagsüber geöffnet, Odós Spiridonos*

Alte Festung

Eine felsige Halbinsel mit zwei etwa 60 m hohen Berggipfeln im Osten der Altstadt war Byzantinern und Venezianern der ideale Ort für die Anlage einer mächtigen Festung. Zur Landseite hin war sie durch einen tiefen Wassergraben, die Contrafossa, geschützt, in der heute kleine Boote einen sicheren Hafen finden. Die Gebäude in der Festung stammen alle aus der britischen Zeit. Die Engländer erbauten auch die heute außer in der Karwoche und zu Ostern meist geschlossene *St. Georgskirche* mit der einen dorischen Tempel nachahmenden Fassade.

Vom vorderen ❖ Gipfel der Halbinsel aus hat man einen einzigartigen Blick über die Stadt und Teile der Insel. Auf dem Gelände der Alten Festung finden in einem improvisierten Freilichttheater abends Folklorevorführungen statt, an die sich eine Ton-und-Licht-Show anschließt. *Di–So 8.30–15 Uhr, Eintritt 800 Drs., Zugang von der Esplanade aus*

Artemis-Tempel

Die Überreste des bedeutendsten Tempels des antiken Kerkira sind mehr als spärlich. Sie liegen unmittelbar vor den Mauern des Theodorenklosters.

Die ersten Ausgrabungen nahm der deutsche Altertumsforscher Wilhelm Dörpfeld unter reger Anteilnahme Kaiser Wilhelms II. noch vor dem Ersten Weltkrieg vor; jetzt graben dort griechische Archäologen. Die Funde zeigen, daß der um 590 v. Chr. entstandene Bau etwa 48 m lang und 22 m breit war und daß die Ringhalle des Tempels von 48 über 6 m hohen Säulen gebildet wurde.

Geht man an den Tempelruinen vorbei noch etwa 100 m weiter, gelangt man zu einem kleinen Überrest der antiken Stadtmauer. *Stadtbus nach Kanóni, Haltestelle Paleópolis. Frei zugänglich; Zugang von der Basilika von Paleópolis aus über die Odós Derpfeld, bei der ersten Gabelung über die Asphaltstraße nach links weitergehen*

Basilika von Paleópolis

Gegen Ende des 5. Jhs. erbauten die frühen Christen Korfus über den noch erkennbaren Resten eines römischen Odeons eine große, fünfschiffige Basilika, von der sich im Boden Spuren erhielten. Die noch immer eindrucksvollen, unter Verwendung antiker Bauteile errichteten Mauern stammen von einer gotischen Kirche aus venezianischer Zeit.

KORFU

Frei einsehbar, gegenüber vom Eingang zum Schlößchen Mon Repos, Stadtbus nach Kanóni, Haltestelle Paleópolis

Britischer Friedhof

Der wie ein verwunschener Park wirkende Friedhof ist mit seinen kolonialen Grabdenkmälern nicht nur ein äußerst romantischer Platz, sondern im Frühjahr und Herbst wegen der vielen hier wild wachsenden Orchideen auch eine besondere Attraktion für Blumenfreunde. *Tgl. von Sonnenauf- bis -untergang, Odós Kolokotroni 25*

Esplanade

Im 16. Jh. reichten die Häuser der Stadt Korfu noch unmittelbar bis an die Alte Festung heran. Im 17. Jh. schuf sich das Militär durch Abriß vieler Kirchen und Häuser dann aber vor den Landmauern der Burg einen breiten Freiraum, um Feinden den Angriff zu erschweren. Später diente diese Grünfläche dann als Exerzierplatz; heute bildet sie den bedeutendsten Platz der Inselhauptstadt. Auf dem Rasen wird Cricket gespielt, in den Parkanlagen steigt eine Fontäne auf. In ihnen stehen auch zahlreiche Denkmäler. Darunter ist eins zur Erinnerung an die Vereinigung der Ionischen Inseln mit dem freien Griechenland im Jahre 1864. Es zeigt sieben Bronzereliefs mit Symbolen der sieben Hauptinseln. Für Korfu ist es das Schiff der Phäaken, für Kíthira die Göttin Aphrodite, für Páxi ein Dreizack.

Die Westseite der Esplanade wird von hohen Wohnhäusern aus dem frühen 19. Jh. gesäumt, unter deren Arkaden man in guten, aber auch sehr teuren Cafés

Die Alte Festung von Korfu-Stadt wurde durch einen Wasssergraben geschützt

sitzen kann. Sie sind Hauptschauplatz der allabendlichen Volta der Einheimischen.

Gebäude der Lesegesellschaft

Das Haus aus dem 17. Jh. beherbergt die erste literarische Gesellschaft des modernen Griechenlands, die 1836 gegründet wurde. Freitreppe und Arkaden wurden im 19. Jh. hinzugefügt. Die Gesellschaft besitzt über 40 000 alte Bücher und eine Gemäldesammlung, die zu wechselnden Zeiten besichtigt werden kann. *Odós Kapodístriu 120*

Kloster Agíi Theodóri

Das Nonnenkloster neben den Ruinen des antiken Artemis-Tempels ist mit seinem auffallend großen und stimmungsvollen Innenhof ein Hort der Stille. In die Klosterkirche wurden Überreste einer frühchristlichen Basilika einbezogen. Eine der Nonnen, die zahlreiche Fremdsprachen sehr gut spricht, führt Besucher durch die Kirche; das übrige Kloster kann nicht besichtigt werden. *Tgl. 9–13 und 17 bis 19.30 Uhr. In dieser Zeit kann man klingeln, falls das Tor verschlossen ist. Stadtbus nach Kanóni, Haltestelle Paleópolis*

Kremasti-Brunnen

Der Brunnen wurde der Stadt »zum Wohl der Allgemeinheit« (so eine griechische und lateinische Inschrift) von einem Privatmann 1669 gestiftet und steht auf dem schönsten Platz des Altstadtviertels Cambiello. An der Außenwand der gegenüberliegenden, noch immer in Privatbesitz befindlichen Kirche ist rechts des Eingangs ein Fresko mit einer Kreuzigungsszene zu erkennen. *Platía Lisi Desilla abseits der Gasse Agias Theodoras*

Menekrates-Cenotaph

Der kreisrunde Bau aus dem frühen 6. Jh. v. Chr., einst von der heute im Archäologischen Museum ausgestellten Löwenskulptur gekrönt, war kein Grab, sondern ein Denkmal für einen korfiotischen Konsul, der bei Delfi auf dem griechischen Festland starb. *Frei zugänglich, Odós Kipru 1, Stadtbus nach Kanóni, Haltestelle Leoforos Alexandras*

Mon Repos

Das klassizistische Schlößchen, in dem 1921 Prinz Philipp, Gemahl der englischen Königin, geboren wurde, gehörte bis 1994 dem griechischen Königshaus. Wegen dessen Steuerschulden wurde es enteignet und soll demnächst als Museum dienen. Schön ist der große, verwilderte Schloßpark mit kleinem Badestrand an der Ostküste; im Park liegen auch die spärlichen Ruinen eines antiken Tempels. *Odós Oikismós Figaretto, Stadtbus nach Kanóni, Haltestelle Paleópolis*

Neue Festung

Die Neue Festung ist ein Bauwerk der Venezianer aus dem 16. Jh. Schön ist das Hafentor mit dem Relief des Markuslöwen. *Eingang an der Odós Solomú, Mi bis So 9–17 Uhr, im Hochsommer tgl. 9–21 Uhr, Eintritt 400 Drs.*

Palast St. Michael und St. George

Am nördlichen Rand der Esplanade steht das größte Gebäude der Stadt. Es wurde für die jährliche Konferenz der Ministerpräsidenten der Europäischen Union im Jahr 1994 gründlich re-

KORFU

Das Rathaus von Korfu stammt aus dem 17. Jahrhundert

stauriert. Die Engländer ließen den Palast 1819–23 für den Lordhochkommissar der Inseln im klassizistischen Stil erbauen. Als Material diente Sandstein von einer anderen Mittelmeerinsel, die sich die Briten kurz zuvor einverleibt hatten: aus Malta. Für Offiziere, die sich auf Malta und den Ionischen Inseln verdient machten, hatten sie kurz zuvor den Orden des hl. George und des hl. Michael gegründet, der ebenfalls in diesem Palast seinen Sitz hatte. Nach dem Abzug der Briten von der Insel diente er dann der griechischen Königsfamilie als Residenz. Heute ist in ihm das Museum für Asiatische Kunst untergebracht. *Esplanade*

Panagía Spiliótissa-Kirche

Die Bischofskirche von Korfu wurde 1527 geweiht; ihre Westfassade stammt jedoch erst aus dem 18. Jh. Neben zahlreichen schönen Ikonen beherbergt sie als Reliquie die Gebeine der hl. Theodora – also derjenigen byzantinischen Kaiserin, die im Jahre 843 den Ikonoklasmos beendete und die Verehrung von Ikonen wieder zuließ. Ihre Ikone liegt denn auch beim Eintreten gleich rechts auf einer Ikonostasis: dargestellt ist sie wie üblich mit einer Ikone in der Hand.

Rathaus

Das Erdgeschoß des schönen Gebäudes entstand im späteren 17. Jh. als Loggia, eine Art Clubhaus für den venezianischen Adel der Stadt und deren hohe Beamte. 1720 wurde es zu einem Theater umgebaut, 1903 dann zum Rathaus. *Keine Innenbesichtigung möglich, Platía Dimarchíu*

Schulenburg-Denkmal

Nahe der Alten Festung steht ein barockes Denkmal, das an den Grafen Johann Matthias von der Schulenburg erinnnert. Der aus Sachsen stammende Berufssoldat im Dienste Venedigs verteidigte 1716 Korfu erfolgreich gegen die Türken und wurde durch Errichtung dieses Denkmals noch zu seinen Lebzeiten geehrt. Ursprünglich stand es auf dem Gelände der Alten Festung; seinen heutigen Platz nimmt es erst seit 1959 ein. *Esplanade*

Unterwasserwelt

Die Unterwasserwelt vor der Küste Korfus können auch Urlauber erleben, die nicht tauchen: Mit der »Kalypo Star«. In den Rumpf dieses Spezialboots sind große Fenster eingelassen, durch die die Passagiere die Meeresflora und -fauna betrachten können. *Abfahrt stdl. 10–18 Uhr, 3000 Drs., ab Altem Hafen*

Vido
Die üppig begrünte Insel dicht vor der Stadt eignet sich gut für Spaziergänge. Außerdem findet man hier kleine, vor allem von Einheimischen frequentierte ✪ Kiesstrände.

MUSEEN

Archäologisches Museum
Im Museum werden überwiegend Funde aus der antiken Stadt Kerkira gezeigt. Die wertvollsten Objekte sind die Überreste zweier Tempelgiebel. Der archaische Gorgo-Giebel aus der Zeit um 590 v. Chr. hatte noch deutlich die Funktion, Unheil vom Tempel fernzuhalten. Er zeigt frontal die kniende Gorgone Medusa mit ihrer schrecklichen Fratze, deren Anblick jeden Feind sofort zu Stein erstarren ließ. Der spätarchaische Figarétto-Giebel aus der Zeit um 510 v. Chr. zeigt die Figuren im Profil und erzählt aus der griechischen Mythologie. Zu sehen sind der Gott des Weines, Dionysos, und sein nackt hinter ihm liegender Sohn Oinopion, ein Löwe, das Fragment eines Hundes und ein großer Weinkrater. In der nicht erhaltenen anderen Hälfte des Giebels war wahrscheinlich der trinkende Gott Hephaistos zu sehen, den Dionysos trunken machte, um ihn gegen seinen Willen auf den Götterberg Olymp entführen zu können. Aus der früharchaischen Zeit um 630 v. Chr. stammt die Plastik eines liegenden Löwen, der einst den Cenotaph des Menekrates krönte. Er zeigt deutlich die Loslösung der griechischen Kunst von der starren, stilisierten Darstellungsweise ihrer orientalischen Vorbilder. *Di–So 8.30 bis 15 Uhr, Eintritt 800 Drs., behindertengerecht, Odós Wraila 1*

Banknoten-Museum
Das kleine Privatmuseum im Gebäude der Ionian Bank aus dem Jahre 1845 präsentiert Banknoten aus verschiedenen Zeiten und Ländern und erklärt auch ihre Herstellung. *Mo–Sa 9–13 Uhr und 17–20 Uhr, So 10 bis 12 Uhr, Odós N. Theotoki*

Byzantinisches Museum
Das Ikonenmuseum in der ehemaligen Kirche Panagía Antivuniótissa aus dem 15. Jh. zeigt etwa 100 Ikonen und Freskenreste aus alten korfiotischen Kirchen sowie Marmorfragmente und Teile von Bodenmosaiken aus frühchristlichen Basiliken. *Di bis So 8.30–15 Uhr, Eintritt 500 Drs., Odós Arseniu*

Museum der asiatischen Kunst
Daß auf Korfu mehrere tausend hervorragende Objekte asiatischer Kunst aus mehr als drei Jahrtausenden gezeigt werden können, ist vier kunstliebenden griechischen Diplomaten zu verdanken. Sie trugen sie teilweise in den Ländern zwischen Indien, China und Japan selbst zusammen, ersteigerten sie größtenteils jedoch in Europa. *Di-So 8.30–15 Uhr, Eintritt 500 Drs., Esplanade, im Palast St. Michael und St. George*

KORFU

RESTAURANTS

Mouragio
In dieser Ouzerí an der Uferstraße werden zu Ouzo und Wein vor allem Fisch und frische Meeresfrüchte serviert. Eine Getränkespezialität ist *Tsípuro* vom gegenüberliegenden Festland, ein Tresterschnaps ähnlich der italienischen Grappa. *Odós Arseníu 15—17, Kategorie 2*

O Giogas
Urige, sehr einfache Taverne in der Altstadt, in der man viele regionale Spezialitäten und Retsína vom Faß probieren kann. *Odós Guilford 16, Kategorie 3*

Pantheon
Alteingesessenes Restaurant mit großer Auswahl und gutem Service nahe dem Fährhafen. *Odós Prossalendu 2, Kategorie 2*

Papiris
✪ Sehr einfache und preiswerte Taverne mit geringer Auswahl, aber Wein vom Faß, im Cambiello-Viertel neben der Kirche Pantokrátoras gelegen. *Mo-Sa 11 bis 15 und 18—23 Uhr, Odós Agias Theodoras 25, Kategorie 3*

Quattro Stagioni
Gepflegtes Altstadtrestaurant mit Plätzen drinnen und draußen. Serviert werden italienische und korfiotische Spezialitäten. *Tgl. 12—16 und 18—24 Uhr, Odós Maniarsi ke Arlioti 16, Kategorie 1*

Rex
Stilvolles kleines Restaurant in der Straße hinter den Kolonnaden. Auch griechische Kuchen als Dessert, Wein vom Faß. *Odós Kapodistríu 66, Kategorie 2*

The Venetian Wall Wine Bar
Einzigartig stimmungsvoll gelegenes Restaurant am Kremasti-Brunnen auf dem schönsten kleinen Platz der Altstadt. Die Speisekarte präsentiert eine originelle Mischung aus Eigenkreationen und verfeinerter griechischer Küche. *Platía Lisi Desilla, abseits der Agias Theodoras, Kategorie 1*

Alteingesessenes Restaurant in der Altstadt von Korfu

EINKAUFEN

Galerie Eleonora Lisou
Die Künstlerin verkauft in diesem kleinen Geschäft in der Altstadt ihre eigenen Aquarelle mit Ansichten Korfus und anderer griechischer Inseln. *Odós Maniarisi ke Arlioti 4*

Lalaounis
Griechenlands bekanntester Juwelier und Goldschmied unterhält nicht nur in New York und auf den Virgin Islands, in Hongkong und Paris eine Filiale, sondern auch auf Korfu. *Odós Kapodistríu 35 (in der Nordwestecke der Esplanade)*

Olive Wood House
Kleiner Laden mit großer Auswahl an allerlei Objekten aus Olivenholz. *Odós Filelinon 38*

HOTELS

Astron
Sauberes, freundliches Hotel unmittelbar am alten Fährhafen, dessen Zimmer und Bäder allerdings inzwischen etwas abgewohnt sind. *33 Zi., Odós Durelotu 15, Tel. 0661/395 05, Fax 337 08, Kategorie 2*

Bella Venezia
Stimmungsvolles, historisches Stadthaus in der Nähe der Esplanade gelegen. *32 Zi., Odós Sambeli 4, Tel. 0661/442 90, Fax 465 00, Kategorie 2*

Cavalieri
❂ Stilvolles Hotel in einem venezianischen Palazzo mit Dachterrasse mit Bar, Cafeteria und einem prächtigen Blick über die Stadt aufs Meer. *Odós Kapodistríu 4, Tel. 0661/390 41, Fax 392 83, Kategorie 1*

Corfu Palace
Luxushotel nahe der Altstadt und dem Meer mit Meerwasserpool, Kinderbecken und Hallenbad. Zu den Stränden muß man per Taxi oder Linienbus fahren. *106 Zi., Leoforos Dimokratias, Tel. 0661/394 85, Fax 317 49, Kategorie 1*

Hermes
❂ Preiswertes, sehr zentral gelegenes Hotel in der Nähe des Wochenmarktgeländes unterhalb der Neuen Festung. *34 Zi., Odós G. Markora 14, Tel. 0661/393 21, Fax 317 47, Kategorie 3*

STRÄNDE

Im Ortsteil Anemómilos gibt es ein vielbesuchtes, gebührenpflichtiges Strandbad; südlich unterhalb der Alten Festung kann man auf Zement liegen und im Meer baden.

AM ABEND

Korfu ist eine der wenigen griechischen Inseln mit Spielkasino. Es ist im Hilton Hotel auf der Halbinsel Kanóni untergebracht (im Hochsommer wird eventuell auch noch im alten Kasino im Achíllion gespielt).

AUSKUNFT

**Griechische Zentrale
für Fremdenverkehr (EOT)**
Odós Rizospaston Vouletfon/Ecke Odós Polila, Mo–Fr 8–14.30 Uhr, Tel. 0661/375 20, Fax 302 98

Städtische Tourist-Information
Esplanada, tgl. 9.30–21 Uhr

KORFU

DER INSELNORDEN

Der Norden Korfus ist gebirgiger als der Süden. Er wird vom 906 m hohen Berg Pantokrator dominiert, dessen Hänge vor allem nach Osten recht steil zum Meer hin abfallen. Sowohl an der Ost- als auch an der Westküste gibt es eine Vielzahl kleiner Buchten; die Nordküste wird von weißen Kreidefelsen und fast dänisch-langen Sandstränden gesäumt. Neben den touristischen Zentren am Meer finden sich im Inselinneren noch zahlreiche kleine, vom Tourismus kaum berührte Dörfer.

BESICHTIGUNGEN UND ORTE

Acharávi (111/D 2)
Das ehemalige Dorf an der Nordküste ist einer der jüngsten Ferienorte der Insel. Einzige Attraktion ist der 7 km lange, kinderfreundlich flach abfallende Sand- und Kiesstrand mit vielen Wassersportmöglichkeiten und unzähligen Tavernen direkt am Ufer. Hotelklötze sind hier vermieden worden; man wohnt in kleinen Hotels, Pensionen und in einer Vielzahl von Ferienhäusern. *40 km von Korfu-Stadt*

Ágios Stéfanos (111/E 3)
Die winzige Küstensiedlung liegt der albanischen Küste von allen korfiotischen Orten am nächsten; man kann sogar die Häuser von Butrint erkennen. *34 km von Korfu-Stadt*

Angelókastro (110/B 4)
★ ☆ Hoch über der Westküste Korfus stehen einem Adlerhorst gleich auf einem nach allen Seiten hin steil abfallenden Bergkegel die Ruinen der byzantinisch-venezianischen Burg Angelókastro. Bis zum letzten türkischen Angriff auf die Insel im Jahre 1716 war sie immer wieder Rückzugsort der Bevölkerung im Norden Korfus, wenn Feinde kamen. Keiner von ihnen hat Angelókastro je erobern können.

Eine Asphaltstraße führt von Makrádes über das Bergdorf Kríni zum 700 m entfernten Parkplatz am Fuße des Burgberges. Die letzten 20 Minuten muß man über einen steilen Pfad zu Fuß hinaufsteigen, wird dafür dann aber mit einem prächtigen Ausblick reichlich belohnt. *Frei zugänglich, 36 km von Korfu-Stadt*

Avliótes (110/B 2)
4 km südwestlich des Ortes im äußersten Nordwesten der Insel liegt die langgeschwungene Sandbucht von Ágios Stéfanos noch weitgehend vom Tourismus unberührt. *52 km von Korfu-Stadt*

Danília (111/D 5)
Was viele Urlauber für Korfus schönstes Dorf halten, ist in Wirklichkeit ein völlig künstliches Gebilde. Danília wurde von einer im Tourismus stark engagierten korfiotischen Familie in den siebziger Jahren in ein schönes, grünes Tal gestellt. Die Häuser, zum Teil unter Verwendung alter Materialien errichtet, sind alten Vorbildern nachempfunden; das Gesamtbild des hübschen Dorfes entspricht eher romantischer Verklärung gar nicht so goldener vergangener Zeiten als der harten geschichtlichen Wirklichkeit. Im Erdgeschoß der Häuser sind Kunsthand-

werksbetriebe und Souvenirgeschäfte angesiedelt, auf dem »Dorfplatz« werden abends griechische Feste organisiert. Achtung: Wegen finanzieller Schwierigkeiten bleibt das künstliche Dorf 1998/99 eventuell geschlossen. Hotels und Reisebüros geben Auskunft! *Mo bis Sa 10—13 und 18—22 Uhr, Eintritt 1000 Drs., 11 km von Korf-Stadt*

Ermónes (110/C 5)
Der kleine Sand-Kies-Strand in der Bucht von Ermónes ist heute von Hotels und Tavernen gesäumt. Man kann sich kaum noch vorstellen, daß hier der Sage nach die korfiotische Königstochter Nausikaa beim Ballspiel mit ihren Gefährtinnen den schiffbrüchigen Odysseus fand, der dann mit an den Hof ihres Vaters Alkinoos ging und von diesem nach der Erzählung seiner Abenteuer ein Schiff für die Fahrt in seine Heimat Itháki erhielt. *14 km von Korfu-Stadt*

Guviá (111/D 5)
Das Ferienzentrum an der schönen, weitläufigen Bucht von Guviá ist landschaftlich reizvoll gelegen, bietet jedoch kaum Sandstrand. Man sonnt sich meist in den guten Hotelgärten. Ein klar erkennbares Ortszentrum fehlt. Nahe der Marina stehen gut erhaltene Überreste venezianischer Schiffshallen aus dem 18. Jh. *8 km von Korfu-Stadt*

Kalámi/Kulúra (111/E 3)
Die beiden benachbarten Fischerweiler tief unterhalb der Küstenstraße liegen Albanien gegenüber inmitten von Olivenhainen und Zypressen, die bis unmittelbar ans Meer herabreichen. In Kalámi wohnte im großen, weißen Haus Ende der dreißiger Jahre der britische Schrift-

Fischer- und Motorboote an der Hafenpromenade von Kassiópi

KORFU

steller Lawrence Durrell, der mit »Schwarze Oliven« das wohl bekannteste Korfu-Buch schrieb. Der kleine Kiesstrand vor dem Dorf ist noch nicht überlaufen. *30 km von Korfu-Stadt*

Kassiópi (111/E 2)

Das große Dorf im Nordosten der Insel liegt an zwei malerischen Buchten gegenüber der albanischen Küste. In der Antike war es ein bedeutender Hafen, in dem die Schiffe auf dem Weg zwischen Italien und Griechenland für die Überquerung des offenen Meeres auf günstiges Wetter warteten. So gelangten auch berühmte Römer wie Kaiser Nero und Cicero in diesen Ort.

Heute ist Kassiópi ein sehr stark besuchter Badeort mit vielen modernen Bars und Cafés unmittelbar am Ufer. Auf der Halbinsel, die die beiden Buchten voneinander trennt, stehen noch Mauern einer *Burg* aus dem 13. Jh.; einen Blick wert ist die Dorfkirche *Panagía Kassópitra* aus dem Jahre 1590. *Burg frei zugänglich, Kirche vormittags geöffnet. 36 km von KorfuStadt*

Lákones (110/B 4)

Das kleine, noch recht ursprüngliche Dorf wird auch als »Balkon des Ionischen Meeres« bezeichnet. Traumhaft schön ist der Blick von hier über die dicht von Ölbäumen und Zypressen bestandenen grünen Hänge hinunter auf die Buchten von Paleokastrítsa, zu denen auch ein Wanderweg in 40 Minuten hinunterführt. *30 km von Korfu-Stadt*

Makrádes (110/B 4)

Das Bergdorf auf dem Wege von Paleokastrítsa zur Burg Angelókastro ist das Zentrum der korfiotischen Kräutersammler und -händler. *2 km von Korfu-Stadt*

Paleokastrítsa (110/B 4)

★ Die große Bucht von Paleokastrítsa wird durch mehrere felsige Halbinselchen nochmals in eine Reihe kleiner Buchten gegliedert. Meist ist die Küste felsig, dazwischen eingestreut sind kleine Sandstrände. Überall reicht das üppige Grün bis unmittelbar ans Wasser heran, im Hinterland steigen die Hänge mehrere 100 Meter hoch auf. Paleokastrítsa gilt den Korfioten als schönster Platz auf Erden. Ein eigentliches Dorfzentrum gibt es nicht: Hotels, Häuser und Tavernen sind locker über die grandiose Landschaft verstreut. Vom kleinen Hafen aus kann man mit Booten Ausflüge an der Steilküste entlang unternehmen; Hauptattraktion ist aber das weiße Kloster *Panagía Theotókos* auf einem felsigen Kap nördlich des Hafens. Hübsch anzusehen ist der blumenreiche Innenhof mit seinen schattigen Gängen; das Kircheninnere birgt zwei seltene Ikonen aus dem Jahre 1713, die die Schöpfungsgeschichte in rührender Weise erzählen. Im *Klostermuseum* werden Weihegaben und ein Gästebuch gezeigt, das so aufgeschlagen ist, daß man die Eintragungen Kaiser Wilhelms II. und seiner Familie aus dem Jahre 1909 sieht. *Tgl. 9–13 und 16–20 Uhr; bedeckte Schultern und Knie erforderlich. 30 km von Korfu-Stadt*

Paleo Períthia (111/D 3)

Zu Füßen des Pantokrator-Berges liegt dieses Dorf in völliger Einsamkeit in einem Hochtal.

Kirchen und Natursteinhäuser aus venezianischen Zeiten liegen locker in der Landschaft verstreut; nicht ein einziger Neubau verschandelt diesen Anblick. Man fühlt sich hier fast wie in einer Filmkulisse. Niemand lebt mehr ständig hier; eine Familie aber betreibt auf dem alten Dorfplatz im Sommer täglich und im Winter an schönen Wochenenden eine kleine Taverne. *50 km von Korfu-Stadt*

Pantokrator (111/D 3)
☙ Auf den über 900 Meter hohen Gipfel des höchsten Inselberges kann man mit dem Pkw oder Moped gelangen. Dazu folgt man nördlich von Ipsos von der Küstenstraße aus dem Wegweiser Spartílas, durchquert das Dorf und folgt dann der Beschilderung in Richtung Láfki. Als erstes Dorf an dieser im Mai und Juni üppig von blühendem Ginster gesäumten Bergstraße folgt auf bereits 630 m Höhe *Strinílas* mit schöner Platía, in deren Tavernen man nett rasten kann. 750 m weiter weist ein Schild zum Pantokrator. Die Straße geht bald in eine sehr holprige Piste über, die nach 3,5 km auf dem Berggipfel mit seinen weithin sichtbaren Antennenanlagen endet. Das bereits 1347 hier oben gegründete *Kloster* steht heute leer; lange Tische und Bänke unter offenen Arkaden zeugen aber davon, daß am Tage des Kirchweihfestes viele Pilger kommen. An einem Zisternenschacht hängen ein Eimer und ein Becher für den durstigen Wanderer. Faszinierend ist der Rundblick über weite Teile der Insel und tief nach Albanien hinein. *34 km von Korfu-Stadt*

Pélekas (111/D 6)
☫ Das Bergdorf nahe einiger der besonders schönen Inselstrände hat sich zu einem urigen Zentrum korfiotischen Nachtlebens entwickelt. Die Hauptstraße des Dorfes ist von Bars und Tavernen gesäumt, doch in den kleinen Nebengassen beherrscht noch immer Tradition das Bild. In vielen Häusern werden Privatzimmer vermietet. Vom Gipfel des Hügels, an dem Pélekas liegt, bietet sich ein besonders lohnendes Panorama dem Auge dar; schon Kaiser Wilhelm II. kam hierher, um den Sonnenuntergang zu erleben.

Nur 2 km unterhalb des Ortszentrums von Pélekas liegt der auch als Pélekas Beach bezeichnete *Kondojálos-Strand,* an dem zwar mehrere Tavernen stehen, aber noch keine Großhotels. Man kann dort noch in Privatzimmern und kleinen Pensionen wohnen. Ein gut befahrbarer Feldweg führt hinunter. Nur zu Fuß erreicht man hingegen den *Mirtidiótissa-Strand,* an dem FKK üblich ist. *15 km von Korfu-Stadt*

Peruládes (110/B 2)
Eine Reihe winziger Sandstrände vor weißer Steilküste sind die – noch weitgehend unbekannte – Attraktion des kleinen Weilers im äußersten Nordwesten der Insel. Man erreicht sie nur zu Fuß und muß dabei meist auch noch durch kniehohes Wasser waten. *46 km von Korfu-Stadt*

Rópa-Ebene (110/C 5)
Die sumpfige Ebene nordwestlich der Inselhauptstadt, 8 km lang und 3 km breit, ist nahezu baumlos. Hier liegt auch der

KORFU

Die herrlichen Sandsteinbuchten von Sidári locken zum Bade

Golfplatz der Insel. *15 km von Korfu-Stadt*

Sidári (110/B 2)
★ ż Sidári liegt am schönsten Abschnitt der Nordküste. Das große Dorf breitet sich am westlichen Ende eines langen Sandstrandes und am Rand hier noch niedriger Sandsteinklippen aus, die kleine Buchten mit schönen Sandstränden umschließen. Einige flache Sandsteinklippen liegen im Meer und können mit Booten angesteuert werden; westlich des Dorfes beginnt dann eine kilometerlange Steilküste aus weißen Kreidefelsen. Ruhe bietet dieser Ort allerdings nicht mehr, da er zu einem Zentrum des britischen Massentourismus geworden ist. Hier fühlen sich vor allem junge Leute wohl. *42 km von Korfu-Stadt*

RESTAURANT

Golden Fox
Die Taverne am südlichen Ortsanfang von Makrádes bietet von einer sonnen- und windgeschützten Terrasse aus einen Panoramablick auf die Buchten und das Kloster von Paleokastrítsa und dazu gute griechische Küche. *Makrádes, Kategorie 2*

EINKAUFEN

Alkis
Seit 1986 widmet sich Herr Alkibiades mit Leidenschaft der Suche nach schön gemasertem Olivenholz, um daraus Unikate nach eigenen Ideen herzustellen. Er kann als bester Olivenholzschnitzer der Insel gelten. *Lákones, am Ortsausgang links der Straße nach Makrádes*

Die Korfioten halten Paleokastrítsa für den schönsten Platz auf Erden

HOTELS

Akrotiri Beach
Das Hotel mit 120 Zimmern und Apartments für bis zu vier Personen liegt auf einer kleinen Landzunge unmittelbar über einer der vielen schönen Buchten von Paleokastrítsa; die herrliche Aussicht von der Pool- und der Caféterrasse ist unübertrefflich. *Paleokastrítsa, Tel. 0663/ 412 75, Fax 412 77, Kategorie 1*

Debono
Ruhig gelegenes Hotel mit 52 Zimmern, 500 m vom Strand entfernt am Rande eines Olivenhains oberhalb der Straße nach Danília. Pool mit Pool-Bar. *Guviá, Tel. 0661/917 55, Fax 900 09, Kategorie 2*

Ermones Beach
Das architektonisch umstrittene, aber sehr gut geführte 272-Zimmer-Hotel zieht sich vom Strand einen Hang hinauf; eine Seilbahn verbindet die verschiedenen Ebenen miteinander. Pool und großes Sportangebot mit Tauchen, Surfen, Tennisplätzen und Bogenschießanlage. *Ermónes, Tel. 0661/942 41, Fax 942 48, Kategorie 1*

Grecotel Daphnila Bay
Die 260-Zimmer-Anlage mit Haupthaus und Bungalows gleicht einem Ferienclub. Neben Animationsprogrammen und guter Kinderbetreuung werden zahlreiche Sportarten geboten, darunter auch Mountain-Bike-Touren, Segel-, Windsurf-

KORFU

und Tennisschule. Entfernung zum Ort Dassiá 3 km, zur Stadt Korfu 12 km. *Dassiá-Dafníla, Tel. 0661/915 22, Fax 910 26, Kategorie 1*

Ionian Princess
Das gut in die Umgebung eingepaßte 120-Zimmer-Hotel mit gepflegtem Garten, Pool und Tennisplätzen liegt direkt am Strand. *Acharávi, Tel. 0663/631 35, Fax 631 10, Kategorie 2*

Maria's Place
⌁ Die kleine Pension direkt am Strand Pélekas Beach ist ein idealer Platz für einen ungezwungenen, sehr preiswerten Badeurlaub, solange man keine großen Ansprüche an Komfort stellt. Die 10 Zimmer mit Dusche/WC werden mit Halbpension vermietet; ins Dorf Pélekas läuft man 2 km bergan. Wirt Kostas ist Fischer und nimmt Gäste gern kostenlos auf seinem Kaiki, seinem typischen Fischerboot, mit zum Fang hinaus. *Pélekas Beach, Tel. 0661/946 01, Kategorie 3*

Nikos
⌁ Die kleine Pension mit 24 Zimmern inmitten eines alten Olivenhains liegt am unteren Ortsrand von Pélekas am Weg zum nur 1,5 km entfernten Pélekas Beach. Den überwiegend jungen Gästen aus aller Welt stehen ein Dachgarten und eine große Caféterrasse als Treffpunkt zur Verfügung: ein idealer Platz für Travellers. *Pélekas, Tel. 0661/944 86 und 313 00, Kategorie 3*

Saint George's Bay Country Club
★ Dieses Hotel ist ein Musterbeispiel für hervorragende Anpassung an Landschaft und Geschichte seines Standortes. In der weitläufigen Anlage verteilen sich 70 Apartments mit Platz für bis zu 4 Personen auf eine große Zahl ganz individuell gestalteter, zweistöckiger Häuser im Inselstil. Hier fühlt man sich fast wie in einem korfiotischen Dorf und genießt dabei dennoch viel Komfort. Zum Komplex gehören ein großer Pool, zwei Tennisplätze mit Flutlicht und ein Clubhaus mit Restaurant. Zum Sandstrand geht man 100 bis 300 m. Das Hotel verfügt über eine vollbiologische Kläranlage und kompostiert alle pflanzlichen Abfälle. *Acharávi, Tel. 0663/632 25, Fax 635 40, Kategorie 1 und 2*

Saint Stéfanos
Kleines, einfaches Hotel mit nur 8 Zimmern und 16 Apartments unmittelbar am Strand abseits des Massentourismus. *Ágios Stéfanos, Tel. 0663/954 95, Fax 512 02, Kategorie 3*

AM ABEND

An Diskotheken herrscht in den Küstenorten kein Mangel; originell ist keine.

DER INSELSÜDEN

In Korfus Süden sind die Berge zwar niedriger als im Norden, die Landschaft aber ist ebenso abwechslungsreich. Neben den Küstenebenen mit dem lagunenartigen Korissión-See oder den Salinen von Alíkes findet man kleine Flüsse, stille Fischerhäfen und weitläufige Dörfer, deren Bewohner noch immer überwiegend von der Landwirtschaft leben. Lange Sandstrände, von denen erst wenige durch Großhotels erschlossen sind, machen den Inselsüden zu einem beliebten Ausflugsziel für Ostküstenurlauber und Wohnmobilisten.

BESICHTIGUNGEN UND ORTE

Achíllion (112/B 2)
★ Korfus beliebtestes Ausflugsziel ist ein kleines Schloß hoch über der Ostküste inmitten eines großartigen Parks. Kaiserin Elisabeth von Österreich (1837 bis 1898) ließ es erbauen und kam zwischen 1891 und ihrer Ermordung in Genf im Jahre 1898 mehrfach hierher. 1907 kaufte der deutsche Kaiser Wilhelm II. das Anwesen und verbrachte dort alljährlich bis 1914 die Osterzeit. Der Lieblingsheld beider Majestäten war Achill. Beide setzten ihm im Schloßpark ganz unterschiedliche Denkmäler: die melancholische Österreicherin liebte den »Sterbenden Achill«, der Preuße schätzte den »Siegreichen Achill«.

Im Innern des Achíllion können die *Schloßkapelle* und ein kleines *Museum* mit Erinnerungsstücken an die kaiserlichen Hoheiten besichtigt werden. Abends diente das Schloß bis zu Beginn der neunziger Jahre als exklusives Spielkasino. Dem Eingang zum Achíllion gegenüber können die Weine und Liköre der Kellerei Vassilákis verkostet und gekauft werden. *Tgl. 9 bis 16.30 Uhr, Eintritt 700 Drs., 9 km von Korfu-Stadt, Linienbus 10 ab San Rocco Square mehrmals tgl.*

Ágios Górdios (112/A 2)
Die Feriensiedlung am Rande einer breiten Sandbucht an der Westküste liegt zwischen Steilküsten nahe dem Dorf Sinarádes. *14 km von Korfu-Stadt*

Ágios Matthéos (112/A-B 3)
❂ Das große Bergdorf im Süden der Insel ist noch völlig untouristisch, in den Kaffeehäusern sitzen die Einheimischen weitgehend unter sich. Bis zu 463 m hohe Hügel umschließen den Ort, so daß man das Meer von hier nicht sieht. Die Ernte der großen Olivenhaine rund ums Dorf wird im Winter und Frühjahr in mehreren kleinen Fabriken zu Olivenöl verarbeitet. *22 km von Korfu-Stadt*

Ágios Nikólaos (112/C 4)
❂ Das Dorf im Süden nahe der Westküste ist eine der noch am wenigsten vom Tourismus veränderten Gemeinden. Hier findet man einfache Kaffeehäuser und Gemischtwarenhandlungen im Tante-Emma-Stil. *34 km von Korfu-Stadt*

Alíkes (113/D 4)
Die Umgebung dieser kleinen Siedlung in einer Küstenebene wirkt durch die flachen Salinen fast wüstenartig; am Sandstrand stehen nur einige wenige Tavernen und Pensionen. *44 km von Korfu-Stadt*

Benítses (112/B 2)
Der große Urlaubsort an der Ostküste hat zwar kaum Strand, aber dafür jede Menge Probleme mit seinen trink- und rauffreudigen Gästen. Man meidet ihn besser. *13 km von Korfu-Stadt*

Búkari (112/C 4)
❂ Der kleine Fischerhafen an der Ostküste ist einer der ange-

KORFU

nehm stillen Küstenorte der Insel. Der kleine Kiesstrand fällt flach ins Meer ab und bietet natürlichen Schatten unter Tamarisken. Vor allem an Wochenenden ist Búkari seiner Fischtavernen wegen ein beliebtes Ausflugsziel der Einheimischen. *33 km von Korfu-Stadt; Zufahrt in Argirádes zunächst beschildert, bei der nächsten Weggabelung dem Schild Richtung Kuspádes folgen*

Gardíki (112/B 3)
Die kleine byzantinische Festung aus dem 13. Jh. liegt nur wenige Meter erhöht über den umliegenden Feldern. Sechs ihrer Türme sind noch gut erhalten, die Mauern sind jedoch ebenso wie das Innere der Festung stark überwuchert. Schlangen fühlen sich hier besonders wohl. *Frei zugänglich. 26 km von Korfu-Stadt*

Glifáda (112/A 1)
Glifáda ist ein guter Standort für sportliche Strandfans, die gern gut wohnen und auch nicht zu weit vom städtischen Leben entfernt sein möchten. Der kilometerlange Sandstrand liegt, eingerahmt von Steilküsten, vor grünen Hängen. *Linienbusse in die Inselhauptstadt verkehren mindestens zehnmal tgl., 19 km von Korfu-Stadt*

Kanóni (112/B 1)
❖ An der Kanóni genannten Spitze der Halbinsel Análipsis sieht man mit eigenen Augen, was so vielen Fotografen für Postkarten, Kalender und Werbe-Poster als Korfu-Motiv schlechthin diente. Wenn man in die richtige Richtung schaut, sieht man tief unter sich die Klosterinsel Vlachérna und die Mäuseinsel, griechisch Pondikoníssi genannt, und blickt über die Bucht von Pérama über grüne Hänge in den Himmel. Dreht man den Kopf ein wenig weiter nach rechts, führt einem die in die Lagune von Chalkiopúlu hineingebaute Landebahn des korfiotischen Flughafens die Baukunst des 20. Jhs. vor Augen.

Zur *Klosterinsel Vlachérna* kann man über einen kurzen, künstlichen Damm hinüberlaufen. Das ehemalige Nonnenkloster aus dem späten 17. Jh. wird jetzt von einer Familie bewohnt, die im Klosterhof ein Souvenirgeschäft eingerichtet hat.

Zum *Inselchen* ★ *Pondikoníssi* kann man sich mit dem Boot in zwei Minuten übersetzen lassen. Zwischen hohen Zypressen steht dort eine *Kreuzkuppelkirche* aus dem 12. Jh. *4 km von Korfu-Stadt, häufige Linienbusverbindung ab Esplanade (schräg gegenüber vom Schulenburg-Denkmal), Saroco-Platz und Alter Hafen; Kloster unregelmäßig geöffnet*

Kávos (113/E 5)
Der südlichste Ort der Insel ist fest in den Händen britischer Urlauber, auf deren Geschmack hier alles abgestellt ist. *47 km von Korfu-Stadt*

Korissión-See (112/B 4)
Der über 5 km lange und 1 km breite See, der im Sommer nur selten nahezu austrocknet, wird durch einen langen, teils steinigen, teils sandigen Strand vom offenen Meer getrennt. Im Norden des Sees findet man Schilfflächen und große Blumenwiesen sowie zahlreiche Wasservögel. *28 km von Korfu-Stadt*

Lefkímmi (113/D 4)
❂ Das große Dorf besteht aus mehreren Teilen; am schönsten ist es am Flüßchen Potámi, auf dem Fischerboote liegen. In der Umgebung der Straßenbrücke sieht man einige schöne Häuser aus venezianischer Zeit mit den typischen Arkadengängen. Außerhalb des Ortes lohnt das *Nonnenkloster Kirá* (Zufahrt ab Hauptstraße beschildert) einen Besuch. Die Bewohnerinnen zeigen sich meist sehr gastfreundlich. *40 km von Korfu-Stadt*

Bäuerin beim Spinnen

Marathiás (112/C 4)
Die beiden Buchten der noch sehr kleinen Feriensiedlung an der Westküste werden von sehr schönen, rötlich schimmernden Sandstränden gesäumt. *35 km von Korfu-Stadt*

Messóngi/Moraítika (112/B 3)
Die beiden Dörfer, die nur durch einen schmalen Fluß voneinander getrennt sind, bilden einen netten Ferienort mit langem, aber schmalem Kiesstrand und ausgedehnten Olivenwäldern im Hinterland. *18–20 km von Korfu-Stadt*

Petríti (112/C 4)
Am Ufer des kleinen Dorfes an der Westküste werden in einer einfachen Werft noch hölzerne Kaikis gebaut. Die Tavernen am Strand sind noch ursprünglich. *35 km von Korfu-Stadt*

Sinarádes (112/A 2)
❂ Das große Bergdorf weist noch viel alte Bausubstanz auf; in einem alten Bauernhaus im Dorf, das jetzt als *Volkskundliches Museum* dient, kann man sehen, wie die Korfioten vor 100 und mehr Jahren lebten. *Unregelmäßig geöffnet, meist 17–19 Uhr, Weg dorthin im Dorf ausgeschildert*

RESTAURANTS

Aerostato
✿ Das ganz ruhig abseits aller Hauptstraßen gelegene Lokal bietet gute griechische und korfiotische Küche mit einem grandiosen Blick über Ágios Górdios und die Westküste. *Sinarádes, 800 m abseits der Hauptstraße, Zufahrt vom Ortsende in Richtung Pélekas aus beschildert, Kategorie 3*

Bella Vista
✿ Von der Terrasse dieses Cafés und Restaurants gleich unterhalb des Achíllion hat man einen besonders schönen Blick über die Ostküste und auf die Stadt Korfu. *An der Straße vom Achíllion nach Benítses, Kategorie 2*

Búkari
★ Große Taverne unter schattigen Bäumen direkt am Hafen. Einige Tische und Stühle stehen auch direkt auf dem Strand. Neben frischem Fisch und Langusten ist Lamm vom Spieß die Spezialität des Hauses. Der Wein kommt vom Faß, Obst zum

KORFU

Nachtisch können sich die Gäste im Garten der Wirtsfamilie selbst pflücken. *Tgl. 8–1 Uhr, Bukári, am Hafen, Kategorie 3*

HOTELS

Ágios Górdios
Das 209-Zimmer-Hotel direkt am Strand bietet Pool und Tennisplätze in reizvoller Landschaft. *Ágiós Górdios, Tel. 0663/533 20, Fax 522 34, Kategorie 1*

Egripos
Die kleine Pension von Stefanos Kourtesis, der 10 Jahre lang in Braunschweig arbeitete, liegt ganz ruhig nahe dem Meer im stillen Küstenweiler Petríti. Alle 17 Zimmer haben Dusche/WC; für einen mindestens einwöchigen Aufenthalt macht der Wirt außerordentlich günstige Preise. *Petríti, Tel. Mai–Okt. 0662/519 49, Tel. Nov.–April 0662/519 34, Kategorie 3*

Glifáda Beach
Besonders kinderfreundliches Strandhotel mit 242 Zimmern, Pool und Tennisplätzen. Viele Wassersportmöglichkeiten, Hotelbus-Service in die Stadt und zum 4 km entfernten Golfplatz. Die Tauchschule Ionian Divers liegt unmittelbar neben dem Hotel. *Glifáda Beach, Tel. 0661/942 01, Fax 941 46, Kategorie 1*

Helios
Sehr gut und familiär geführtes Hotel, ruhig, etwa 400 m vom Meer entfernt gelegen. Die jungen griechischen Inhaber leben im Winter in Mailand, daher viele italienische Gäste. *14 Zi., Vurkári, Tel. 0662/518 24, geöffnet Juni–Sept., Kategorie 3*

Regina
Ganz ruhig in ländlicher Umgebung gelegenes, sehr familienfreundliches Hotel mit Pool und großen Zimmern. Zu den Stränden läuft man etwa 15 Minuten, ein Hotelbus bringt die Gäste kostenlos auch zu weiter entfernten Stränden. *32 Zi., zwischen Vurkári und Petríti, Tel. 0662/521 32, Fax 521 35, Kategorie 2*

AM ABEND

Diskotheken in allen Badeorten. Griechische Folkloreabende in vielen Restaurants und Hotels.

NACHBARINSELN

Eríkussa (110/A 1)
★ Die nur vier Quadratkilometer große Insel eine Bootsstunde nördlich von Korfu ist ein idealer Rückzugsort für alle, die völlige Ruhe suchen. Die Insel hat nur 60 Einwohner, die in einem winzigen Dorf und in über die Insel verstreuten Bauernhäusern leben. Große Teile der Insel sind hügelig (höchste Erhebung: 130 m) und bewaldet. Ein Teil des Waldes wurde allerdings Ende der achtziger Jahre durch einen Großbrand verwüstet. Unmittelbar am kleinen Bootshafen beginnt ein langer, breiter Sandstrand, der sich viele hundert Meter weit gen Osten erstreckt. Am Ortsrand steht ganz nah am Strand das Hotel Eríkussa als einzige Unterkunftsmöglichkeit auf der Insel; im Sommer haben einige Tavernen geöffnet. Im Sommer finden auch Bootsausflüge nach Eríkussa von Acharávi, Sidári und Kassiópi aus statt; ansonsten erreicht man die Insel täglich gegen 12 Uhr ab Sidári

und dienstags und samstags um 6.30 Uhr mit der Autofähre Alexandros ab Korfu-Stadt. *Hotel Erikussa: geöffnet Mai bis Okt., Tel. 0663/715 55, außerhalb der Öffnungsmonate Tel. 0661/301 62, Kategorie 2*

Mathráki (O)
❂ Der Inselwinzling nordwestlich von Korfu liegt noch völlig fernab des Tourismus. Es gibt weder ein Hotel noch eine ständig geöffnete Taverne; angesteuert wird Mathráki montags und donnerstags um 12.30 Uhr von einem Kaiki aus Sidári und dienstags und samstags um 6.30 Uhr mit der Autofähre Alexandros ab Korfu-Stadt.

Othoní (O)
❂ Die westlichste, Italien am nächsten gelegene Insel Griechenlands beherbergt auf ihren neun Quadratkilometern nur noch 100 ständige Bewohner. Sie leben im Hafenort und in Bauernhäusern, die über die ganze Insel verstreut versteckt in uralten Olivenbaumwäldern liegen. Es gibt keinen Arzt, keine Schule und keinen Priester, wohl aber zwei Polizisten, die sich keineswegs überarbeiten müssen. Der höchste Berg der Insel ist immerhin 408 m hoch; der Besucher kann über uralte Wege zu eindrucksvollen Steilküsten und kleinen Hochplateaus wandern. Im Inseldorf werden Privatzimmer vermietet; das kleine Hotel Othoni bietet vier Zimmer und vier kleine Apartments. Am Ortsrand liegt ein langer Strand aus faustdicken Kieselsteinen; ein kleiner Sandstrand an der Westseite der Insel ist nur per Boot zu erreichen.

Bootsverbindungen zur Insel Othoní bestehen montags und donnerstags um 12.30 Uhr per Kaiki mit Sidári und dienstags und samstags um 6.30 Uhr mit der Autofähre Alexandros ab Korfu-Stadt. *Hotel Othoní: Tel. 0663-716 40, Kategorie 3*

Páxi (112/A–B 5–6)
★ Die 46 Quadratkilometer große Insel südlich von Korfu ist ein einziger, jahrhundertealter Olivenwald. Die über 250 000 Ölbäume bedecken eine sanfte, bis zu 247 m hohe Hügellandschaft und reichen fast überall bis unmittelbar an die Küste heran. Die 2400 Insulaner wohnen in den drei Dörfern Gáios, Lákka und Lóngos sowie in einer Reihe winziger, über die Insel verstreuter Weiler.

Gáios ist der Hauptort. Von der mit den Tischen und Stühlen von Restaurants vollgestellten Platía am Hafen aus fällt der Blick über einen schmalen, flußgleichen Meeresarm auf die vorgelagerte Insel Ágios Nikólaos mit den spärlichen Resten einer venezianischen Festung. Ihr schließt sich im Norden das Inselchen Panagía mit einer schneeweißen, alljährlich am 15. August vielbesuchten Marienkirche an. An der Uferpromenade liegen ein kleines, privates *Aquarium* und die auffallend große ehemalige Residenz des britischen Gouverneurs. Sie dient heute als Apartmenthaus, das wie nahezu alle Ferienhäuser im Ort fest in der Hand britischer Reiseveranstalter ist.

Lóngos (4 km) ist im Gegensatz zu Gáios ein noch verträumter, kleiner Ort mit urigen Tavernen. Außerdem gibt es eine alte Sei-

KORFU

> **Fährverbindungen (gültig für die gesamte Insel)**
>
> Ganzjährig und rund um die Uhr verbinden Autofähren die Stadt Korfu mit Igumenítsa auf dem Festland. Ganzjährig mehrmals täglich verkehren außerdem Autofähren zwischen Lefkímmi im Inselsüden und Platária auf dem Festland. Außerdem verbindet mindestens einmal täglich eine Autofähre die Stadt Korfu mit Páxi und mehrmals wöchentlich mit Pátras/Peloponnes. Im Sommer bestehen außerdem mehrmals wöchentlich Fährverbindungen mit Vathí/Itháki und Sámi/Kefalliniá sowie einmal wöchentlich mit den ägäischen Inseln Páros und Sámos. Mit den Othonischen Inseln Eríkussa, Mathráki und Othoní ist die Stadt Korfu zweimal wöchentlich per Autofähre verbunden.

fenfabrik, die demnächst restauriert werden soll.

Lákka (8 km) ist das Wassersportzentrum der Insel. Hier kann man hervorragend surfen; auch eine Tauchschule ist vorhanden. Baden kann man von glatten Felsschollen aus. Die Platía von Lákka mit ihren Bars und Tavernen steht der von Gáios an Atmosphäre nicht nach. Der schönste Sandstrand der Insel liegt auf dem über einen Damm mit Páxi verbundenen Eiland Mongoníssos, zu dem von Gáios aus ständig Transferboote fahren. Außerdem stehen in Gáios zahlreiche Wassertaxis und Motorboote zum Selbstfahren zur Verfügung.

Ein Erlebnis besonderer Art ist eine Inselrundfahrt mit dem Schiff, wie sie auch die Ausflugsboote von Korfu her unternehmen. Dabei erlebt man die steil ins Ionische Meer abfallende Westküste der Insel mit ihren bizarren Felsformationen und mehreren Grotten. In der Höhle Ipapándi hielt sich während des Zweiten Weltkriegs monatelang ein griechisches U-Boot versteckt; in der *Grotte Petríti* verzaubern natürliche Lichteffekte den Besucher mindestens ebenso wie in der viel berühmteren Blauen Grotte von Capri.

Nur durch einen schmalen Sund von Páxi getrennt schließt sich südlich noch die Insel *Antípaxi* an, die nur noch von 100 Menschen bewohnt wird. Im Norden besitzt Antípaxi mehrere sehr schöne Sand- und Kiesstrandbuchten, die man von Gáios aus per Boot mehrmals täglich erreichen kann.

Bestes Hotel auf Páxi ist das Paxos Beach am Ortsrand von Gáios. Privatzimmer werden in allen drei Inselorten sowie auf Antípaxi vermietet; Restaurants sind ebenfalls überall vorhanden. Besonders empfehlenswert ist die *Taverne Blue Grotto* in Gáios etwas abseits des Ufers.

Páxi erreicht man täglich per Autofähre von Korfu-Stadt aus. Abfahrt der Fähre um 14 Uhr ab Altem Hafen. Außerdem werden von mehreren Orten an Korfus Westküste aus Tagesausflüge mit dem Boot nach Páxi angeboten, die meist auch eine Badepause auf Antípaxi einschließen.
Paxos Beach: Tel. 0662/312 11, Fax 326 95, Kategorie 2; Taverne Blue Grotto: Kategorie 2

LÉFKAS

Wechselspiel von Meer und Land

*Von den Dünen im Norden bis zu den weißen Kreidefelsen
im Süden ein Paradies für Strandliebhaber*

Léfkas ist als einzige der Ionischen Inseln durch eine Brücke mit dem Festland verbunden. Sie ist ein schlagender Beweis für griechische Improvisationskunst: Statt eine teure Brücke zu konstruieren, hat man einfach ein exakt passendes Fährschiff umgebaut und quer in den schmalen Kanal gelegt, der Léfkas seit römischer Zeit zur Insel macht. Will ein Schiff passieren, dreht die »Brücke« bei.

Gleich hinter der originellen Brücke teilt sich an der Nordostspitze der Insel die Straße. Eine führt direkt über einen von den Briten angelegten Straßendamm zur Inselhauptstadt Lefkáda, die andere umrundet die Lagune im Norden und passiert dabei einen kilometerlangen Sandstrand mit Dünen und idealen Bedingungen für Windsurfer.

Die lefkadischen Küstenorte liegen fast ausnahmslos an der Ostseite der Insel. In nahezu jedem hat man den Eindruck, am

*Unter den Ölbäumen werden
Netze ausgespannt, um die
herabfallenden Oliven aufzufangen*

Ufer eines von Bergen und Hügeln umgebenen Sees zu stehen: Im Norden trennt sie nur ein schmaler Sund vom gegenüberliegenden Akarnanien, weiter im Süden begrenzen nahe, vorgelagerte Halbinseln und Inselchen den Horizont, darunter auch Skórpios, die Privatinsel der Familie Onassis.

Der einzige nennenswerte Ort an den übrigen Küsten ist das schöne, an einer weiten Bucht im Südwesten gelegene Vassilikí. Zum Ionischen Meer hin wird die Bucht von der weit vorspringenden Halbinsel Lefkáta begrenzt, deren Ufer auf weite Strecken als hohe, weiße Kreideküste ins Meer abfallen. Stellenweise sind ihr höchst idyllische Sandbuchten wie Pórto Katsíki vorgelagert, anderswo kilometerlange, nur schwer zugängliche und daher kaum besuchte Strände.

Wer Ruhe sucht auf der 50 km langen und über 20 km breiten Insel, findet sie in den Bergdörfern hoch über der Westküste und im Inselinnern. Hier sind auch schöne Wanderungen möglich. Dem Bildungsreisenden hat

Léfkas hingegen nur wenig zu bieten. Von der antiken Stadt, 640 v.Chr. von Korinth gegründet, ist kaum etwas erhalten. Auch aus venezianischer Zeit ließen die 24 Erdbeben, die Léfkas seit dem 15. Jh. erschütterten, kaum etwas stehen. Doch wer schöne Strände schätzt, wird sich auf der Insel wohl fühlen. Um sie alle zu erkunden, ist es freilich am besten, sein eigenes Fahrzeug dabeizuhaben — was angesichts der Fährbrücke ja kostengünstig möglich ist.

BESICHTIGUNGEN UND ORTE

Kariá (114/B 2)
★ Im größten Bergdorf der Insel (1150 Ew.) stehen noch viele traditionelle Häuser. Vor allem am späten Nachmittag ist der von alten Platanen beschattete Dorfplatz voller Leben. Am oberen Dorfrand steht dem Hotel gegenüber ein kleines privates *volkskundliches Museum (tgl. 8.30 bis 21 Uhr)*.

**Kloster Ágios Jánnis
sto Rodáki** (114/B 4)
Das aufgegebene Kloster aus dem 18. Jh. liegt einsam in den Bergen. Zu seinem Bau wurden Teile eines antiken Tempels verwendet, der einst an dieser Stelle stand. *3,6 km abseits der Hauptstraße von Póros nach Sívros*

Kloster Faneroménis (114/C 1)
Das einzige noch bewohnte Kloster der Insel liegt in einem Wäldchen oberhalb von Lagune

MARCO POLO TIPS FÜR LÉFKAS

1 Kap Dukáto
Aussichtspunkt an der Hauptschiffahrtsstraße (Seite 75)

2 Pórto Katsíki
Traumstrand vor weißer Steilküste (Seite 76)

3 Kariá
Großes Bergdorf mit schöner Platía und ruhigem Hotel (Seite 74)

4 Wasserfälle bei Nidrí
Kurzer Spaziergang in eine grüne Schlucht (Seite 76)

5 Vlícho
Eine traumhaft schöne Landschaft aus Wasser, Land und Himmel (Seite 76)

6 Die Nehrung von Lefkáda
Ein Paradies für Surfer und ein Strand mit Dünen (Seite 78)

7 Póros
Ein kleines Bergdorf mit idyllischer Platía (Seite 76)

8 Insel Meganíssi
Drei Dörfer und wenig Fremde (Seite 78)

9 Insel Skórpios
Aus der Nähe sehen, wo Onassis und Jackie Kennedy lebten (Seite 79)

10 Nikópolis
Eindrucksvolle Überreste einer frühbyzantinischen Stadt auf dem nahen Festland (Seite 79)

LÉFKAS

und Stadt. Besonders stimmungsvoll ist ein Besuch zur Zeit der täglichen Gottesdienste um 6 und 18 Uhr. *4 km oberhalb von Lefkáda an der Straße nach Agios Nikítas, geschl. 14—16 Uhr*

Lefkáda (114/C 1)

Den besonderen Reiz der Inselhauptstadt (8000 Ew.) macht ihre Lage zwischen der Lagune und dem engen Sund aus, der Léfkas vom Festland trennt. An den Gassen der Stadt haben viele Häuser das Erdbeben von 1953 überstanden, weil ihre Obergeschosse gemäß türkischer Bauweise aus Holz statt aus Stein bestanden. Diese Holzfassaden sind allerdings nur noch selten zu erkennen, da sie inzwischen häufig mit Wellblech oder Kunststoff verkleidet wurden. Dadurch wirkt die Inselhauptstadt etwas provisorisch.

Auch einige Kirchen aus venezianischer Zeit blieben erhalten, wenn die Glockentürme nach 1953 auch durch ausgesprochen häßliche Eisenkonstruktionen ersetzt werden mußten.

Sozialer Mittelpunkt der Stadt ist die Platía mit ihren Kiosken und Cafés. An ihr beginnt rechts neben der Kirche Ágios Spirídonis die Gasse Odós Dimarhou Verrioti mit originellen Handwerksbetrieben vom Sargtischler über den Ikonenmaler bis zum Zahntechniker, dem man durch ein großes Schaufenster bei der Arbeit zusehen kann.

Lefkáta-Halbinsel (114/A 5–6)

Eine der herausragenden Küstenszenerien Griechenlands bietet die Halbinsel Lefkáta mit ihren weißen Kreideklippen. Bis zur Bucht von Pórto Katsíki

Weist den Weg zwischen Italien und Griechenland: Leuchtturm am Kap Dukáto

ist die Straße noch asphaltiert; dann führt ein guter Feldweg weiter gen Süden bis zum ★ *Kap Dukáto*. Heute steht hier nur noch ein Leuchtturm, an dem ständig Schiffe auf ihrem Weg von Italien in den Golf von Pátras und in umgekehrter Richtung vorüberziehen. Aus der Antike ist für diese Stelle ein nicht mehr sichtbares Apollo-Heiligtum bezeugt. Zwischen Athaní und dem Kap Dukáto zweigt eine andere

Straße zur Bucht von ★ *Pórto Katsíki* ab, einem hellen Streifen Sand tief unterhalb der kreideweißen Steilküste. Sein Bild findet man auf vielen Postern, mit denen die Griechische Fremdenverkehrszentrale wirbt. Verschiedene andere hervorragende Strände sind über holprige Pisten von Athaní aus zu erreichen.

Ligiá (114/C 2)
Das unscheinbare kleine Dorf mit kleinem Kiesstrand ist eins der großen Fischereizentren Westgriechenlands. Im Hafen liegen immer einige große Kaikis der Fischer; die Kaffeehäuser am Kai sind ganz auf sie abgestellt.

Nidrí (114/C 3)
Der lebhafteste Urlaubsort der Insel und zugleich ihr wichtigster Fährhafen liegt landschaftlich besonders ansprechend mehreren Inselchen gegenüber am Eingang zur grünumsäumten Bucht von Vlícho. Schön ist eine Wanderung von hier aus zum 3 km entfernten ★ »*Wasserfall*« in einer kleinen, engen Schlucht, der freilich nur bis etwa Mai auch Wasser führt. Am südlichen Ortsrand durchschneidet die Hauptstraße eine 1905 bis 1912 freigelegte *Nekropole* mit 33 Gräbern aus der frühen Bronzezeit, von denen allerdings nur noch einige wenige zu erkennen sind. Nidrí gegenüber liegt das Inselchen *Madúri* mit der klassizistischen Villa des lefkadischen Lyrikers Aristoteles Valaorítis (1824–1879).

Póros (114/C 4–5)
★ ✪ Das Bergdorf im Süden der Insel lockt mit einer winzigen Platía, an der man in ursprünglichen Kaffeehäusern sitzen kann.

Santa Maura (114/C 1)
Rund um die Festung auf der Festlandsseite des Kanals, der Léfkas von Akarnanien trennt, lag im Mittelalter die Inselhauptstadt. In ihrer heutigen Form stammt sie aus dem Jahre 1684.

Vassilikí (114/B 5)
In diesem Dorf (370 Ew.) im Innern einer weiten, für Windsurfer idealen Bucht stehen noch einige vom Erdbeben 1953 verschonte alte Häuser. Die Uferfront wird von zahllosen Restaurants unter hohen Eukalyptusbäumen gesäumt; unmittelbar am Ortsrand beginnt ein kilometerlanger Sand-Kies-Strand. Vom Kai des Ortes aus fahren Badeboote zu den Sandstränden auf der Lefkáta-Halbinsel.

Vlícho (114/C 4)
★ Vlícho liegt am innersten Ende einer Bucht und ist ringsum von grünen Hügeln umgeben. Am Ortsrand werden auf einer kleinen, traditionellen Werft noch Kaikis gebaut und repariert; von Vlícho aus führt eine schmale Straße auf die bewaldete Halbinsel Xerónisso mit vielen kleinen, schönen Stränden.

MUSEEN

Archäologisches Museum
Einraummuseum mit unspektakulären Funden aus Nidrí und Fotos von den Ausgrabungsarbeiten im Jahre 1912. Eine antike Urne ist noch mit der Asche des Verstorbenen gefüllt. *Lefkáda, Odós Fanerómenis 21, Di–So 9–13 Uhr, Eintritt frei*

LÉFKAS

Folkloremuseum
Gezeigt werden Trachten und Werke der Volkskunst aus dem 19. und frühen 20. Jh. *Lefkáda, Odós Marinu 1, tgl. 10—13 und 19 bis 22 Uhr, Eintritt 400 Drs.*

Phonographisches Museum
Privatmuseum mit alten Radios, Plattenspielern und Schallplatten. Für die Vergangenheit der Insel aufschlußreicher sind alte Fotos und Gemälde. *Lefkáda, Odós Kagani 30, Juni—Sept. tgl. 9—13 und 18—23 Uhr, Eintritt frei*

ESSEN UND TRINKEN

Agrambeli
Musiktaverne mit griechischem Essen, zur Inselmusik tanzen viele ältere Griechen. *Lefkáda, Odós Panagu (gleich neben dem Hotel Lefkas), Kategorie 2*

Gelateria Melino
In diesem Eissalon nahe der Platía hat man die Wahl zwischen 24 verschiedenen Eissorten. Darunter sind auch solche Spezialitäten wie Yoghurteis mit Wildkirsche oder Eis mit Honig und Walnuß. Mutige probieren Kaímaki-Eis, das aus Schafsmilch hergestellt wird. *Lefkáda, Odós Derpfeld*

Lighthouse
Im windgeschützten Garten der Taverne sitzt man ruhig und kann griechische Spezialitäten genießen. *Lefkáda, Odós Filarmonikis 14, Kategorie 3*

EINKAUFEN

Panajotis Frangoulis
Dieses originelle Geschäft ist zugleich auch Destillerie. Der Ouzo und der Brandy sowie die verschiedenen Liköre, die man hier kaufen kann, werden im Laden selbst hergestellt, in Flaschen abgefüllt und verkorkt. *Lefkáda, Odós Mitropoleos 4*

Vlachos Piradonis
Uriger Laden eines älteren Herrn. Alte Messingwaren nach Gewicht, Gewürze, Kräutertee, Brotstempel, Tonkrüge, Hirtenflöten und Korbwaren von Léfkas. *Lefkáda, Odós Mitropoleos 12*

HOTELS

Apollo
Kleines Hotel mit 34 Zimmern und blumenreicher Fassade im traditionellen Stil. *Vassilikí, Tel. 0645/311 22, Fax 311 42, Kategorie 2*

Byzantio
Einfaches, sehr sauberes Hotel an der Fußgängerstraße Odós Derpfeld und der Uferstraße. Nur Etagenduschen und -WCs. *9 Zi., Lefkáda, Odós Derpfeld 4, Tel. 0645/226 29, Kategorie 3*

Karia Village
Bestes Dorfhotel der Insel, nur Juli—Sept. geöffnet. Kleiner Swimmingpool. *22 Zi., Kariá, Tel. 0645/410 30, Kategorie 2*

Léfkas
Bestes und größtes Hotel in der Inselhauptstadt, am Ansatz des Damms zum Festland. *93 Zi., Lefkáda, Odós Panagu 2, Tel. 0645/239 16, Fax 245 79, Kategorie 2*

Porto Galini
Harmonisch in die Landschaft eingefügtes Hotel mit 52 großen Zimmern in 39 ein- und zweigeschossigen Gebäuden oberhalb

eines schmalen Kiesstrandes in sehr ruhiger Lage. Ausgezeichnet mit einem Preis für gute Hotelarchitektur. Großes Wassersportangebot. *4 km nördlich von Nidrí unterhalb der Küstenstraße. Maganá Nikianás, Tel. 0645/ 924 31, Fax 926 72, Kategorie 1*

STRÄNDE

Die schönsten Strände liegen auf der ★ Nehrung Lefkáda nördlich der Lagune, an der Bucht von Vassilikí und unterhalb von Athaní auf der Halbinsel Lefkáta. Gut, aber sehr stark besucht sind die Strände von Ágios Nikítas und Káthisma an der nördlichen Westküste sowie von Póros 5 km unterhalb des gleichnamigen Dorfes an der Südküste. Weniger besucht ist der Kiesstrand von Mílos, den man ab Ágios Nikítas nur zu Fuß (25 Min.) erreicht.

AM ABEND

Griechische Live-Musik in echt griechischen Musiklokalen kann man im *Lacoyn* an der Uferstraße in Lefkáda und im *Fantasia* in Nidrí an vielen Wochenenden ab etwa 23 Uhr hören. Manchmal tanzen dort die Gäste, doch eine Garantie für gute Unterhaltung gibt es nicht. Die Preise sind hoch (Flasche Whisky etwa 12 000 Drs.). Bei westlicher Musik sitzt man sehr viel preiswerter in der Music Bar *Karavi,* einer Art Hausboot, das am Kai in Höhe des Busbahnhofs in Lefkáda festgemacht ist.

AUSKUNFT

In den privaten Reisebüros in Lefkáda, Nidrí und Vassilikí.

ZIELE IN DER UMGEBUNG

Kálamos (115/E-F 4-5)
❂ Die nur 24 Quadratkilometer kleine, aber bis zu 785 m hohe Insel (250 Ew.) ist nahezu autofrei. Tavernen gibt es im Haupt- und Hafenort Kálamos, kleine Kieselsteinstrände beim Weiler Episkopí. Regelmäßige Verbindungen bestehen mit Mítikas auf dem Festland; von Lefkáda aus werden im Sommer gelegentlich Ausflüge nach Kálamos angeboten. Übernachten kann man in wenigen Privatzimmern.

Kastós (115/F 5-6)
❂ Der Inselwinzling (7 Quadratkilometer, 40 Ew.) ist autofrei. Es gibt zwei Tavernen; einfachste Übernachtungsmöglichkeiten bestehen im Gemeindehaus des einzigen Inselortes, von dem mehrere kleine Sandstrände zu Fuß erreichbar sind. Regelmäßige Fährverbindung besteht nur mit Mítikas auf dem Festland. Von Lefkáda aus werden im Sommer gelegentlich Bootsausflüge angeboten.

Meganíssi (115/D 4-5)
★ Meganíssi (500 Ew.) ist die größte der Inselchen zwischen Léfkas und dem Festland. Seine Bewohner verteilen sich auf drei Dörfer. Die mehrmals täglich zwischen Nidrí und der Insel verkehrenden Autofähren laufen zunächst den Hafen *Pórto Spília* mit kurzem Strand und Taverne an, danach den Haupthafen *Vathí.* Die Inselstraße führt von Vathí in etwa 15 Gehminuten zum Binnendorf *Katoméri,* in weiteren 60 Gehminuten ins besonders schöne Binnendorf *Spartochóri* und von dort in 10 Gehminuten

LÉFKAS

zum Hafen Pórto Spília. Übernachtungen sind in Privatzimmern und im *Hotel Meganisi (Katoméri, Tel./Fax 0645/516 39, Kategorie 3)* möglich.

Nikopólis (O)
★ Eindrucksvolle Überreste aus der Antike stehen nur 9 km von Préveza entfernt auf dem Festland. Von Léfkas aus sind sie bequem auch mit dem Linienbus zu erreichen. Der Ausflug lohnt selbst für archäologisch nur wenig Interessierte.

Nikópolis wurde 30 v.Chr. von Octavian, dem späteren römischen Kaiser Augustus, zur Erinnerung an seinen Seesieg über Antonius und Kleopatra gegründet und war bis ins 13. Jh. hinein besiedelt. Ihre Glanzzeit erlebte die Stadt in frühbyzantinischer Zeit in den Jahren zwischen etwa 500 und 600. Damals entstanden Basiliken, von denen noch Grundmauern, Steinmetzarbeiten und Mosaikfußböden erhalten sind. Am eindrucksvollsten ist jedoch die weitgehend noch in voller Höhe erhaltene byzantinische Stadtmauer mit ihren Toren und Türmen. Auch das Amphitheater zeugt trotz zerstörter Ränge von der Größe der einstigen Stadt. Im kleinen *Grabungsmuseum* am Rande der Doumetios-Basilika sind römische Skulpturen, Gläser und Münzen zu sehen. *Museum und Ausgrabungen liegen unmittelbar an der Hauptstraße von Préveza nach Arta. Ausgrabungen ständig frei zugänglich, Museum Di–So 9–15 Uhr. Linienbusse ab Préveza*

Préveza (O)
❂ Préveza (15 000 Ew.) ist eine auf drei Seiten vom Meer umspülte Kleinstadt mit ein wenig orientalischem Flair. Sie liegt am Eingang zum Ambrakischen Golf, der sich von hier aus 35 km tief landeinwärts erstreckt. Auf der anderen Seite der Golföffnung kennzeichnet ein kleines Fort den Standort des antiken Aktion, das der Seeschlacht ihren Namen gab. Dieser Entscheidungskampf zwischen Antonius und Kleopatra einerseits und Octavian andrerseits fand 31 v.Chr. allerdings weit draußen auf dem offenen Meer statt.

Autofähren pendeln ständig zwischen Aktion und Préveza hin und her. In der Stadt lohnt vor allem ein Bummel durch die von vielerlei Geschäften flankierte Haupteinkaufsstraße und durch die kleine Markthalle. Viele Wohnhäuser aus dem 19. Jh. sind erhalten; in der Kirche *Ágios Athanássios* sind noch Wandmalereien zu sehen. *Linienbusse von Lefkáda ins 21 km entfernte Préveza mehrmals täglich*

Skórpios (114–115/C–D 4)
★ Die Privatinsel der Familie Onassis darf nicht betreten werden. Doch ein Blick vom Boot aus auf die Privatstrände und die Dächer der Häuser regt sicherlich die Phantasie an, sich vorzustellen, wie der Tankerkönig, erst mit der Operndiva Maria Callas und dann mit Jackie Onassis hier lebte und stritt.

Vónitsa (O)
Die Kleinstadt (3800 Ew.) am Südufer des Ambrakischen Golfes wird von einer gut erhaltenen venezianisch-türkischen *Burg* überragt. *Linienbusse von Lefkáda ins 20 km entfernte Vónitsa mehrmals täglich; Burg frei zugänglich*

ZÁKINTHOS

Die Blume der Levante

Eine Insel im Widerspruch zwischen Naturschutz und touristischer Entwicklung

Die Venezianer nannten ihre südlichste Besitzung im Ionischen Meer Fior di Levante, Blume der Levante. Sie schätzten die Fruchtbarkeit der Insel, ihre guten Weine, die liebliche Landschaft und die aristokratische Schönheit der Inselhauptstadt. Die Strände bedeuteten ihnen nichts.

Die Ausländer von heute kommen aber gerade der vielen guten Sandstrände wegen. Die schönsten von ihnen, die an der Bucht von Laganás, werden zugleich jedoch schon seit Menschengedenken von Meeresschildkröten zur Eiablage aufgesucht. Daraus ist in den achtziger Jahren ein Interessenkonflikt erwachsen, der zum Teil sogar mit brutaler Gewalt ausgefochten wurde. Die einen wollten am Strand noch mehr Hotels, Apartments, Tavernen und Geschäfte errichten; die anderen wollten die gesamte Bucht zum Nationalpark erklärt wissen und riefen zum Touristenboykott der Insel auf. Bis heute hat sich daran aber nur der in Hannover ansässige, größte Reiseveranstalter Europas gehalten und Laganás konsequent aus seinem Angebot genommen. Inzwischen ist die Bucht zum größten Teil für Motorboote gesperrt, die Naturschützer konnten einen großen Strand kaufen. Es besteht Hoffnung, daß Teile der Bucht und der Strände unter Naturschutz gestellt oder gar zum Meeresnationalpark erklärt werden.

Ebenso attraktiv wie für die Schildkröten ist Zákinthos für den Urlauber. Das Zentrum der Hauptstadt wirkt mit seinen großen und kleinen Plätzen sehr großzügig; die langgestreckte Lage zwischen dem Meer und dem niedrigen Hügelzug von Bocháli sorgt dafür, daß der Ort nicht ausufern kann. Die bizarre Felsknolle auf dem Gipfel des 492 m hohen Skopós bildet einen markanten Fixpunkt am Horizont.

Die ganze Insel ist klar gegliedert. Entlang der West- und Ostküste verläuft jeweils ein Hügelzug. Im Osten ist er grün und

Die Hauptstadt der Insel Zákinthos liegt langgezogen zwischen Meer und Hügeln

niedrig, im Westen steigt er bis auf 756 m Höhe an. Die breite Ebene dazwischen wird landwirtschaftlich intensiv genutzt, in ihr liegen die meisten Inseldörfer. Dazwischen sind Landgüter eingestreut, die mit ihren ansehnlichen Portalen und langen Zufahrten an die Toskana und Venetien erinnern.

Ganz im Gegensatz zu dieser üppigen Fruchtbarkeit stehen weite Teile des Berglandes im Westen, in dem sich nur stellenweise Wälder oder Getreidefelder finden. Während die Ostküste auf weite Teile von einem schmalen Strandstreifen gesäumt ist, fällt die Küste im Westen fast durchweg steil und steinig direkt ins Meer ab. Nur an einigen Stellen sind ihr fast noch unberührte Sandstrände wie der Schiffswrack-Strand vorgelagert, die nur mit dem Boot erreicht werden können.

Die Zakinther gelten als besonders fröhliche Menschen. Sie feiern den Karneval intensiver als auf den anderen Ionischen Inseln — und sie singen auch noch häufiger. Ihre typischen Lieder sind die italienisch anmutenden Kantades, die nichts gemein haben mit der stark vom Orient beeinflußten Volksmusik der ägäi-

MARCO POLO TIPS FÜR ZÁKINTHOS

1 Blaue Grotten
Ein Bad in einer schönen Höhle lockt die Besucher (Seite 83)

2 Schiffswrack-Strand
Mit dem Boot zu einem gestrandeten Schiff (Seite 85)

3 Zákinthos-Museum
Überblick über die Malkunst der Ionischen Inseln (Seite 87)

4 Bocháli
Ein Pinienhain in mittelalterlichen Mauern und ein grandioses Panorama (Seite 83)

5 Pension und Taverne Apeláti
Nicht weit vom Strand ganz ruhig inmitten von Ölbäumen und Weingärten schlafen und speisen (Seite 88)

6 Tavernen Aladdin und Arekia
Musiklokale, wo man an jedem Abend echt zakinthische Kantádes live hören kann (Seite 88)

7 Gíri und Lúcha
Zwei altertümliche Dörfer abseits der Touristenpfade (Seite 83 und Seite 85)

8 Hotel Pórto Koúkla Beach
Ein ländliches Idyll: direkt am Strand beim singenden Wirt wohnen (Seite 88)

9 Pilos
Die Galerie einer Keramikerin, die auch Kurse auf der Insel gibt (Seite 88)

10 Olympia
Griechisches Heiligtum und Ursprungsort der Olympischen Spiele (Seite 89)

ZÁKINTHOS

schen und der Festlandsgriechen. Kantades kann man auch als Fremder kennenlernen: Im Sommer werden sie in einer Reihe von Tavernen an jedem Abend gesungen.

BESICHTIGUNGEN UND ORTE

Ágios Nikólaos/Skinári (120/B 2)
Der kleine Badeort im Norden ist Ausgangspunkt für Bootsfahrten zu den Blauen Grotten. Hier legen auch die Fähren aus Pessáda/Kefalliniá an.

Alikés (120/C 3)
Am Rande des weitläufigen Badeortes wird in Salinen seit dem Mittelalter Salz gewonnen. Links der Straße nach Áno Gerakári ist noch eine Brücke aus venezianischer Zeit erhalten.

Áno Gerakári (121/D 3)
Am höchsten Punkt des Binnendorfes bietet der Vorhof der Kirche Ágios Nikólaos einen sehr guten Blick über die Insel.

Argássi (121/E 4)
Unmittelbar am Strand dieses besonders bei Briten beliebten Badeorts steht gleich östlich vom Hotel Zakantha Beach eine heute funktionslose Brücke aus venezianischer Zeit.

Blaue Grotten (120/B 1)
★ Die Blauen Grotten von Zákinthos stehen ihren Namensvettern auf Capri in nichts nach. Vorbei an natürlichen Felsentoren und bizarren Küstenformationen fährt man mit dem Boot in die Höhlen hinein und kann dort im glasklaren, blau und türkis schimmernden Wasser schwimmen.

Bocháli (121/D–E 4)
★ ❧ Das Dorf hoch oberhalb der Inselhauptstadt ist ein ideales Ziel für den späten Nachmittag und frühen Abend. Man übersieht von hier aus die ganze Stadt und den Hafen, hat einen schönen Blick auf die Skopós-Halbinsel, kann in schattigen Tavernen essen und dort an Hochsommerabenden zakinthischen Kantades lauschen. Wer früh genug kommt, kann zuvor auch noch den Pinienhain genießen, der fast die gesamte venezianische Festung Bocháli einnimmt. *Festung Di–So 8.30–14.30 Uhr, Eintritt 300 Drs.*

Gíri (120/B–C 3)
★ ❧ Das höchstgelegene Inseldorf ist ein besonders schöner und ursprünglicher Ort. In seiner Umgebung zeugen einige Windmühlenstümpfe und alte Dreschplätze vom früher hier intensiv betriebenen Getreideanbau. Das Erdbeben von 1953 hat in Gíri kaum Schäden angerichtet. Im kleinen Kafeníon im Innenhof eines Bauernhauses kann man zakinthisches Familienleben kennenlernen.

Kambí (120/B 4)
❧ Kambí ist ein Dorf, das Urlauber gern aufsuchen, um den Sonnenuntergang und die Steilküste zu erleben. Ein großes Kreuz an dieser Steilküste erinnert daran, daß hier 1944 während des griechischen Bürgerkrieges eine unbekannte Zahl linker Partisanen von ihren rechten Gegnern ins Meer gestürzt wurde. An der Straße vom Dorf hinauf zum Kreuz liegen links der Straße, nur durch ein winziges, griechisch beschriftetes

Schild markiert, einige frei zugängliche Gräber aus mykenischer Zeit.

Kéri (121/D 6)

Aus dem Zentrum des großen Bergdorfes führt eine Straße zum 2 km entfernten Leuchtturm am 🌟 Kap Kéri. Der Blick von hier entlang der über 100 m hohen Steilküste ist grandios. Im Hafenort Límni Keriú, dem Tauchsportzentrum der Insel, ist die mit *Pigí Irodótou* ausgeschilderte Quelle sehenswert, aus der nicht nur Wasser, sondern auch schwarzes Pech quillt. Man kann es mit bereitliegenden Stäben herausfischen. Am kurzen Kiesstrand von Límni Keriú kann man baden; stündlich starten vom Hafen aus Bootsfahrten entlang der Steilküste zu den Meeresgrotten von Kerí.

Kloster Ágios Georgíu Kremnón (120/A 2)

Das einsam in einem Wald nahe der Steilküste gelegene Kloster gleicht einer Festung. Bis vor kurzem lebte hier noch ein einziger Mönch, jetzt ist das Kloster völlig verwaist. Hinter den hohen Mauern verbergen sich ein wehrhafter Fliehturm aus dem 16. Jh. und die schöne, im 18. Jh. barock ausgestattete Klosterkirche.

Kloster Anafonitría (120/A 3)

Das nicht mehr bewohnte Kloster am Rande des gleichnamigen Dorfes betritt man durch einen massiven Torturm aus dem 15. Jh., an dem sich Kapernsträucher emporranken. Die Klosterkirche mit Fresken aus dem 17. Jh. ist gut erhalten; zu erkennen sind auch noch der alte Backofen und die Olivenpresse der Mönche. In diesem Kloster verbrachte der Inselheilige Dioníssios seine letzten Lebensjahre als Abt. In dieser Zeit bewies er wahrhaft christliche Nächstenliebe: Er bot dem Mörder seines Bruders im Kloster Asyl.

Kloster Iperagáthu Siná (120/C 4)

Das völlig einsam und verlassen am Rande einer kleinen Hochebene gelegene, 1608 gegründete Kloster gehört zum Besitz des Katherinenklosters auf dem Berg Sinai.

Bot einem Mörder Asyl: das Kloster Anafonitría

ZÁKINTHOS

Laganás (121/D 5)
Der mit dem benachbarten Kalamáki zusammenwachsende, bedeutendste Urlaubsort der Insel liegt nahe der Einflugschneise des Flughafens; wer sich an seinem schönen Sandstrand sonnt, gefährdet den Fortbestand der Meeresschildkröten von der Art Caretta caretta. Viele deutsche Reiseveranstalter haben Laganás darum aus ihrem Programm gestrichen. Dennoch wuchert die Siedlung immer weiter am Strand entlang und immer tiefer ins Hinterland hinein.

Lúcha (120/B 4)
★ Das am Rande eines Hochtals gelegene, nur noch von wenigen alten Menschen bewohnte Dorf ist weder durch das Erdbeben von 1953 noch durch Neubauten in späterer Zeit betroffen worden. Hier kann man deshalb noch erkennen, wie zakinthische Dörfer vor 50 und mehr Jahren aussahen.

Macherádo (120–121/C-D 4)
Die Kirche *Agía Mávra* im großen Binnendorf Macherádo ist das bedeutendste Wallfahrtsziel der Insel. Der Ikone der Heiligen aus dem 16. Jh., die im 19. Jh. mit einem Mantel aus getriebenem Silber bedeckt wurde, wird Wunderkraft zugesprochen.

Oberhalb des Dorfes steht links der Straße nach Kiloméno das 1961 gegründete Nonnenkloster *Panagía i Eleftherótria*. Die Klosterkirche ist mit schönen Fresken byzantinischer Manier ausgemalt; in einem Nebenraum zeigt einem eine Nonne Steine von vielen Schauplätzen der biblischen Geschichte wie dem See Tiberias und dem Haus Mariens in Nazareth. Die erste Äbtissin des Klosters hat sie auf ihren Reisen eigenhändig zusammengetragen. *Kloster: tgl. 8–12 und 16 bis 19 Uhr*

Órmos Vromí (120/A 3)
In der kleinen, schlauchförmigen Bucht an der westlichen Steilküste liegen Fischerboote, die Interessenten auch die Küste entlang zum nur von See aus zugänglichen Schiffswrack-Strand bringen, auf dem ein gestrandeter kleiner Frachter liegt.

Pórto Limnióna (120/B 4–5)
Der schmale Fjord an der Westküste ist Ausgangspunkt für Bootsausflüge zu Meereshöhlen und schönen, nur von See aus zugänglichen Sandstränden.

Schiffswrack-Strand (Navagiou) (120/A 2)
★ Ein Plakat mit dem Foto dieses Strandes gehört zur Griechenlandwerbung überall auf der Welt. Der nur von See her zugängliche Strand säumt eine ruhige Bucht tief unterhalb einer hohen Steilküste – und mitten auf dem Strand liegt ein in den siebziger Jahren gestrandeter Frachter. Man kann von der Órmos Vromí aus mit dem Boot zum Schiffswrack-Strand gelangen; das Traumfoto jedoch schießt man vom Rand der Steilküste aus. Dazu fährt man vom Kloster Ágios Georgíu Kremnón aus auf der Asphaltstraße weiter in nördliche Richtung, biegt nach 200 m nach links ab und hält nach 1200 m guter Staubstraße am Restaurant. Von dort aus führt ein schmaler Pfad zu Fuß in wenigen Minuten zu der Stelle, von der aus der Blick auf

den Schiffswrack-Strand am fotogensten ist.

Skopós-Halbinsel (121/E–F 4–5)
Die Halbinsel im Südosten der Inselhauptstadt ist nach dem eigenwillig geformten Berg Skopós (492 m) benannt, der sie überragt. Der Norden der Halbinsel wird von vielen kleinen Buchten mit kleinen Sand- und Kiesstränden gesäumt, an denen erst wenige Hotels und Apartmenthäuser stehen. Der Süden der Halbinsel säumt mit kilometerlangen Sandstränden die Bucht von Langanás. Die Strände gehören jedoch auch zum Eiablagegebiet der Karettschildkröten und sollten deshalb gemieden werden.

Tsiliví (121/D 3)
Der aufstrebende Badeort mit seinen schmalen, aber schönen und kinderfreundlichen Sand- und Kiesstränden ist eine gute Alternative für Urlauber, die Rücksicht auf die Meeresschildkröten nehmen möchten.

Vólimes (120/B 2)
✪ Das weitläufige Bergdorf im Norden der Insel gleicht im Sommer einem großen Markt. Überall am Straßenrand werden hier bestickte und anderweitig verzierte Decken und Tücher als »echte Handarbeiten« angeboten. Die wenigsten davon sind allerdings das Werk zakinthischer Frauen — die Ware stammt größtenteils aus festländischen Werkstätten und ist keineswegs handgearbeitet.

Zákinthos-Stadt (121/E 4)
Nach dem schweren Erdbeben von 1953 mußte die Stadt Zákinthos völlig neu erbaut werden. Erfreulicherweise ist das Ergebnis keine gräßliche Stadt im Stil der fünfziger Jahre geworden, sondern eine gute Mischung aus historischen Rekonstruktionen und gefälligen Neubauten. Sehenswürdigkeiten von Rang sind zwar nur die Museen, doch gibt es auch einige interessante Kirchen. An den großen Platía Solomú steht direkt am Ufer die Kapelle des Schutzheiligen der Seeleute, *Ágios Nikólaos*, 1560 von der Fischergilde der Stadt gestiftet. An der Platía Agíu Márku mit ihren vielen Cafés erhebt sich neben dem Solomós-Museum die Kirche *San Marcus*, in der im Sommer an jedem Sonntag um 19 Uhr eine römisch-katholische Messe gelesen wird. Das Gemälde über dem Altar wird Tizian oder einem seiner Schüler zugesprochen.

Geht man von der Platía Agíu Márku einige Schritte in östliche Richtung, stößt man auf die *Mitrópolis*, die Bischofskirche der Stadt. Sie ist vollständig mit prächtigen Wandmalereien im traditionellen byzantinischen Stil ausgestattet.

Wenn man dann von der Mitrópolis in Richtung Meer weitergeht und gleich an der ersten Kreuzung nach links einbiegt, sieht man auf der rechten Seite das sehr schöne Portal der Kirche *Kiría ton Angelon* aus dem Jahr 1687. Sie wurde von der Gilde der Barbiere gestiftet.

Am westlichen Ende der Uferstraße steht schließlich die größte und bedeutendste Kirche der Stadt, dem Inselheiligen *Dioníssios* geweiht. Auch sie wurde in den achtziger Jahren vollständig im traditionellen byzantinischen

ZÁKINTHOS

Stil ausgemalt. Ein Teil der Fresken zeigt Szenen aus dem Leben und Wirken des Heiligen, der 1547 auf Zákinthos geboren wurde und hier 1622 starb. Von besonderer Schönheit sind die 1990 entstandenen Fresken an der Westwand der Kirche, die in an Rousseau erinnernder Frische die Schöpfungsgeschichte darstellen.

Besonders verehrt werden die in einem silbernen Sarkophag ruhenden Gebeine des Inselheiligen. Der prunkvolle Sarkophag steht in der Seitenkapelle rechts vom Altarraum. *Tgl. 4–12 und 17–21.30 Uhr*

MUSEEN

Bibliothek
In der Stadtbibliothek hängen zahlreiche äußerst eindrucksvolle Fotos, die Zákinthos kurz vor und nach dem Erdbeben von 1953 zeigen. *Tgl. 7–14.30 Uhr, Eintritt frei, Zákinthos-Stadt, Platía Solomú*

Solomós-Museum
Der bedeutendste Dichter der Ionischen Inseln, Dioníssios Solomós (1798–1857) und sein Dichterkollege Andréas Kálvos (1792–1869) sind im Erdgeschoß beigesetzt. Dioníssios Solomós verhalf mit seinen Werken, zu denen auch der Text der griechischen Nationalhymne gehört, der griechischen Volkssprache zur literarischen Anerkennung. Im Obergeschoß des Museums sind seine Werke und Erinnerungsstücke an den Dichter ausgestellt. *Tgl. 9–14 und im Hochsommer auch 18–20 Uhr, Eintritt frei, Platía Agíu Márku, Zákinthos-Stadt*

Zákinthos-Museum
★ Das Museum gibt einen ausführlichen Überblick über die Geschichte der Malerei auf den Ionischen Inseln und insbesondere über die Werke der sogenannten »Ionischen Schule« des 17.–19. Jhs., die stark von der italienischen Malerei beeinflußt war. Ein Reliefmodell und historische Fotos zeigen die Stadt vor dem Erdbeben von 1953. *Di bis So 8–14.30 Uhr, Eintritt 800 Drs., Platía Solomú, Zákinthos-Stadt*

RESTAURANTS

Hayati
Das erste vegetarische Restaurant der Ionischen Inseln wird von jungen, bärtigen Leuten betrieben, die ihre köstlichen Gerichte auf einer schattigen Terrasse servieren. *Laganás, an der Hauptstraße in die Stadt in der Nähe der Abzweigung nach Kalamáki, Kategorie 3*

Kantouni
Abseits des touristischen Treibens gelegene, folkloristisch eingerichtete kleine Taverne, in der auch selten zu findende Spezialitäten wie *fáva* (Kichererbsenpüree), *kokkorétsi* (am Spieß gegrillte Innereien) und *spanakópitta* (mit Spinat gefüllte Blätterteigtaschen) angeboten werden. Jeden Samstagabend werden große Fleischstücke vom Zicklein am Spieß gegrillt. Dazu gibt es Weißwein vom Faß. *Zákinthos-Stadt, Odós Ag. Ioánnou Logothéton 11, Kategorie 3*

Panorama
Gepflegte Taverne mit schattiger Terrasse und prächtigem Panoramablick auf Stadt und Meer.

Große Auswahl an griechischen Gerichten. *Bochali, Kategorie 2*

Prince of India
Ein ausgezeichnetes indisches Restaurant wartet in Laganás auf Liebhaber exotischer Speisen, die die Meisterschaft des indischen Kochs zu schätzen wissen. *Tgl. ab 17 Uhr, Laganás, an der Straße nach Kalamáki, Kategorie 1*

EINKAUFEN

Pilos
★ Die norwegische Keramikerin Hanne Marie Stabell-Sauge lebt seit 1990 auf Zákinthos. Sie schafft und verkauft nicht nur Gebrauchs- und Zierkeramik, sondern veranstaltet auch Keramikkurse für Anfänger und Fortgeschrittene im Küstenort Vassilikós. Auf Anfrage gibt sie auch Kochkurse und Kurse in Aquarellmalerei. Unterrichtssprachen sind Englisch, Griechisch und Norwegisch. *Vassilikós, Tel. 094/39 16 65 (Mobiltelefon), Fax 0695/353 19*

HOTELS

Apeláti
★ Auf einer kleinen Hochebene im Südwesten der Insel steht inmitten von Weingärten und Olivenbäumen in ländlicher Ruhe ein modernes Haus, das Restaurant und preisgünstige Pension zugleich ist. Der sehr freundliche Inhaber, Kóstas Livéris, vermietet neun moderne Zimmer mit Bad; in der Küche bereiten die Frauen der Familie gute Hausmannskost zu. *Kéri, abseits der Hauptstraße von Límni Keríu nach Kéri, Tel. 0695/333 24 und 332 22, Kategorie 3*

Bitzaro
Klein, familiär, gegenüber dem Strandbad. *39 Zi., Zákinthos-Stadt, Odós D. Róma 46, Tel. 0695/240 65, Fax 234 93, Kategorie 3*

Palatino
Angenehmes, recht ruhiges, 1991 eröffnetes Stadthotel auf der Höhe des Strandbades. *17 Zi., Zákinthos-Stadt, Odós Kolokotroni 10, Tel. 0695/454 00, Kategorie 2*

Pórto Koúkla Beach
★ Kleines Hotel im Grünen mit sangesfreudigem Wirt, direkt an einem schmalen, langen Sandstrand südlich des Inselchens Ágios Sóstis. Schildkröten werden an diesem Strand nicht gefährdet. *35 Zi., Lithákia, Zufahrt von der 3 km entfernten Straße Laganás — Kéri aus beschildert, Tel. 0695/523 91, Fax 515 77, Kategorie 2*

Vassiliko Beach
Familienfreundliches Hotel nahe zwei kleinen Sandstränden. Schöner Garten, Wassersportzentrum am Hotel. 54 Zimmer mit bis zu 4 Betten. *Vassilikós, Tel. 0695/353 24, Kategorie 2*

AM ABEND

Zakinthische Kantades muß man einmal gehört haben. ★ Zwei unmittelbar nebeneinander liegende Speiselokale an der Uferstraße im Stadtteil Krionéri im Noren von Zákinthos-Stadt bieten sich dafür an. Die Musik beginnt jeweils gegen 22 Uhr. Das große *Aladdin* ist nüchtern-modern eingerichtet und wird vor allem von Einheimischen besucht. Man kann hier auch auf der Terrasse sitzen. Das *Arekia* gleicht mehr einer Taver-

ZÁKINTHOS

ne; die Wände sind folkloristisch dekoriert. Hier trifft man vor Mitternacht viele Touristen an; trotzdem ist die Atmosphäre angenehm.

Griechische Tänze zeigen in Trachten gekleidete Einheimische allabendlich in der Großtaverne *Sarakína* in 2 km Entfernung von Laganás. Wer will, kann später am Abend auch mittanzen. Vom Zentrum in Laganás wird ein kostenloser Busservice zur Taverne geboten. *Sarakína: tgl. ab 18.30 Uhr, Pantokrátoras, Malliás, Kategorie 1; Aladdin und Arekia: Zákinthos-Stadt, Odós Krionéri 68 und 86, Kategorie 1*

AUSKUNFT

Touristenpolizei
Zákinthos-Stadt, Odós Lombardu 62, Tel. 0695/273 67

Fährverbindungen
Ganzjährig verkehren mehrmals täglich Autofähren zwischen Zákinthos-Stadt und Killíni/Peloponnes. Von Mai bis Oktober verkehrt außerdem zweimal täglich eine Autofähre zwischen Ágios Nikólaos-Skinári und Pessáda/Kefalliniá.

ZIELE IN DER UMGEBUNG

Kíthira (O)
Die 278 qkm große, von 3500 Menschen bewohnte Insel in der Ägäis gehört geographisch zum Peloponnes und verwaltungsmäßig zu Attika. Aus historischen Gründen wird Kíthira manchmal noch zu den Ionischen Inseln gezählt, weil es in venezianischer und britischer Zeit von Korfu aus mitverwaltet wurde. Direkte Verkehrsverbindungen zwischen Zákinthos und Kíthira gibt es nicht; die Reise per Schiff, Linienbus und wieder Schiff dorthin nimmt einen ganzen Tag in Anspruch; wer fliegen will, muß in Athen umsteigen.

Der schönste Ort der Insel ist *Chóra* mit einer venezianischen Burg und vielen alten Häusern. Die Briten ließen beim Dorf Katúni ein eindrucksvolles Viadukt erbauen. Beim Dorf Milopótamos sind die Wasserfälle bemerkenswert; das schönste Kloster der Insel heißt Mirtidión. Eine schöne Wanderung führt durch die Langáda-Schlucht bei Agía Pelagía; die besten Strände findet man in Kapsáli unterhalb der Chóra und bei Agía Pelagía. Als Unterkunft ist das kleine Hotel Margerita am Rande der Inselhauptstadt zu empfehlen. *Hotel Margerita, Chóra, Tel. 0735/31711, Kategorie 3*

Olympia (O)
★ Der Ursprungsort der Olympischen Spiele, ein großes Dorf auf dem Peloponnes, ist von Zákinthos aus bequem auf einem Tagesausflug zu erreichen. Man kann ihn als Schiffs-Bus-Tour im Reisebüro buchen oder auch mit dem eigenen Wagen unternehmen. Von Zákinthos bis zum Fährhafen Killíni ist man 90 Minuten unterwegs; von dort bis Olympia sind es noch 75 gut ausgebaute Straßenkilometer.

Das alte griechische Heiligtum von Olympia liegt eingebettet zwischen niedrigen grünen Hügeln. Deutsche und griechische Ausgrabungen haben viele eindrucksvolle Überreste antiker Bauten sakraler wie auch profaner Art ans Licht gebracht. Hier fanden über 1100 Jahre lang die Olympischen Spiele statt. Bezeugt sind sie ab 776 v. Chr., kurz vor 400 n. Chr. wurden sie zum letzten Mal ausgetragen, um dann fünfzehnhundert Jahre später in moderner Form wiederaufzuleben.

Die eindrucksvollsten Monumente im Ausgrabungsgelände sind das antike Stadion, der mächtige Tempel des Zeus und der altertümliche Hera-Tempel sowie die Überreste der Palästra und eines römischen Gästehauses. Im modernen Museum sind zahlreiche Funde aus dem Ausgrabungsgebiet ausgestellt. *Mo bis Fr 8—19 Uhr, Sa/So 8.30—15 Uhr, Museum Mo erst ab 12.30 Uhr, Eintritt für Ausgrabungen und Museum je 1200 Drs.*

Strofaden (O)

45 und 55 km südlich von Zákinthos liegen die beiden nur 15 m hoch aus dem Meer ragenden, unbewohnten Felseilande Arpía und Stamfáni. Auf der nördlichen Insel, Arpía, stehen die festungsartigen Überreste des bis 1949 noch bewohnten Klosters *Pantocharás*. In jedem Frühjahr und Herbst sind die Inseln Schauplatz eines großen Singvogelmordens: Leidenschaftliche Jäger aus Athen lassen sich dann per Hubschrauber oder Charterboot herbringen, um Zehntausende von Zugvögeln zu töten, darunter auch viele streng geschützte Arten. Es gibt keine Hotels und auch keine Tavernen.

Östliche Säulenreihe der Palästra in Olympia

ROUTEN AUF DEN IONISCHEN INSELN

Inselrundfahrten zum Kennenlernen

*Sieben Tagestouren über die großen Inseln.
Die hier beschriebenen Routen sind in der Übersichtskarte im
vorderen Umschlag und im Atlas ab Seite 110 grün markiert*

① KORFUS SCHÖNSTE SEITEN

**Der Norden Korfus ist landschaftlich weitaus reizvoller als der Süden. Auf einer Rundfahrt erlebt man Steilküsten, sandige Buchten zwischen weißen Felsen und lange Sandstrände. Immer wieder eröffnen sich von urigen Bergdörfern und Paßstraßen aus weite Blicke über Olivenhaine auf zwischen viel Grün gelegene Dörfer und hinüber zum griechischen und albanischen Festland.
Länge der Rundfahrt ab Korfu-Stadt: ca. 135 km, Zeitbedarf mindestens 10 Stunden.**

Erstes Ziel ist *Paleokastrítsa* (S. 61) an der Nordwestküste. Nach einem Besuch des Klosters fährt man ein kurzes Stück zurück in Richtung Stadt und zweigt dann nach links oben ab, um auf schmaler, kurvenreicher Straße durch uralte Olivenwälder ins Bergdorf *Lakónes* (S. 61) zu gelangen. Der Blick von den Cafés des Dorfes auf dieses grüne Paradies mit den wie Nadeln aus dem Ölbaummeer aufragenden Zypressen und entlang der Steilküste ist allein schon die Reise wert. Im Nachbardorf *Makrádes* (S. 61) mit seinen Tavernen und Kräuterhandlungen zweigt dann eine Stichstraße ab, die an den Fuß des Burgberges *Angelókastro* (S. 59) führt. Der Abstecher lohnt auch dann, wenn man die Burg nicht erklimmen will.

Von *Makrádes* aus geht es mit schönem Panoramablick über den Inselnorden und bis hin zu den nordwestlich Korfus gelegenen Othonischen Inseln weiter zum Trumbétas-Paß. Man fährt durch die Dörfer *Vístonas*, *Drossáto* und *Psathílas* und erreicht nach kurvenreicher Fahrt schließlich *Sidári* (S. 63). Nach einem Bad geht es dann entlang der Nordküste über die beliebten Feriensiedlungen *Róda und Acharávi* (S. 59) weiter in Richtung *Kassiópi* (S. 61). Unterwegs sollte man aber unbedingt den Abstecher über *Loútses* ins mittelalterliche Dorf *Paléo Períthia* (S. 61 f.) zu Füßen des Inselberges Pantokrátoras unternehmen. Dort kann man auch hervorragend auf der Platía zu Mittag essen.

Hinter *Kassiópi* verläßt die Straße die Küstenebene und führt nun hoch am Hang des *Pan-*

tokrator entlang. Bei *Pírgi* kommt man dann wieder ans Meer. Wenn es schon spät geworden sein sollte, kann man über die Küstenstraße vorbei an *Ipsos, Dassiá, Guviá (S. 59)* und *Kontokáli* schnell zurück in die Inselhauptstadt gelangen. Bleibt noch Zeit, lohnt der Umweg über die wenig besuchten Bergdörfer *Ágios Márkos, Ano Korakiána* und *Tsolú*.

② KORFUS SCHÖNSTE STRÄNDE

 **Für eine Tagestour in den Inselsüden gehört das Badezeug unbedingt ins Handgepäck. Eine Vielzahl von Stränden steht zur Auswahl. Es lohnt sich aber auch, ein Fischessen mit einzuplanen.
Länge der Rundfahrt ab Korfu-Stadt: ca. 120 km, Mindestzeitaufwand 9 Stunden.**

Man verläßt Korfu-Stadt auf der Straße zum *Achíllion (S. 66)*. Nach der Besichtigung des Schlosses und seines Parks geht es in vielen Kurven hinunter ans Meer. Die Küstenstraße führt über *Benítses (S. 66)* und *Moraítika (S. 68)*. Im großen Binnendorf *Argirádes* zweigt man nach *Kouspádes* und *Búkari (S. 66–69)* ab, wo eines der besten Fischrestaurants der Insel wartet. Über *Petríti (S. 68 f.)* mit seiner kleinen Bootswerft und das ganz ländlich gebliebene *Ágios Nikólaos (S. 66)* geht es anschließend zurück nach Argirádes.

Nächstes Ziel ist das Städtchen *Lefkímmi (S. 68)* mit seinem schönem Flußhafen. Noch weiter in den Süden zu fahren lohnt nicht: Besser, man wendet und fährt bis kurz vor *Messóngi* zurück. Wer Lust auf ein Bad verspürt, könnte in *Marathiás (S. 68)* zum gleichnamigen Strand abbiegen.

Vor Messóngi zweigt man dann nach links ab, besucht die Festung von *Gardíki (S. 67)* und die langen Dünenstrände am *Korission-See (S. 67)* über *Ágios Matthéos (S. 66)* und die Bergdörfer *Sinarádes (S. 68)* und *Káto Garoúna* gelangt man schließlich ins Bergdorf *Pélekas (S. 62)*, wo schon Kaiser Wilhelm II. die herrlichen Sonnenuntergänge genossen hat. Wem mehr nach einem abendlichen Bad ist, fährt am unteren Ortsrand von Pélekas zum Strand von *Gialiskári* hinunter, wo man in einfachen Strandtavernen auch zu Abend essen kann. Zurück nach Korfu-Stadt sind es von hier ja nur 13 km.

③ EIN LANGER TAG AUF LÉFKAS

 **Um ganz Léfkas an einem Tag kennenzulernen, sollte man früh aufstehen. Man wird dafür mit vielfältigen Landschaftseindrücken und schönen Stränden belohnt.
Länge der Rundfahrt ab Léfkáda: ca. 130 km, Mindestzeitaufwand 12 Stunden.**

Ein erster Stopp lohnt im betriebsamen kleinen Fischerhafen von *Ligiá (S. 76)*. Weiter geht es vorbei an kleinen Stränden bis zur herrlich grünen Bucht von *Nidrí (S. 76)* mit kleinen vorgelagerten Inseln, zu denen auch die Privatinsel der Onassis-Familie gehört. Eine Kaffeepause wert ist der kleine Dorfplatz des Binnenortes *Póros (S. 76)*. Nach einem Bummel durch das schöne Dorf *Vassilikí (S. 76 ff.)* fährt man dann rund um die Bucht bis *Komílio*, wo eine Straße auf die Lefkáta-Halbinsel *(S. 75 f.)* abzweigt. Letztes Dorf am Wegesrand ist *Atháni*, das für seinen Honig gerühmt wird. Dann geht es wei-

ROUTEN AUF DEN IONISCHEN INSELN

ter durch die Einsamkeit zum Traumstrand von *Pórto Katsíki* und zum *Kap Dukáto (S. 75)* im äußersten Südwesten der Insel.

Die Inselrundstraße führt anschließend von Komílio durchs Inselinnere an den vom Tourismus noch völlig unberührten Bergdörfern *Exanthía* und *Drimónas* vorbei zum leider völlig überlaufenen Badeort *Ágios Nikítas*. Eine letzte Pause lohnt schließlich noch das *Kloster Faneroménis (S. 74 f.)* hoch über der Inselhauptstadt.

④ AUF DER INSEL DES ODYSSEUS

Itháki ist eine Insel ohne großartige Sehenswürdigkeiten. Da die Entfernungen nicht allzu groß sind, genügt es vollkommen, sich für eine Inselrundfahrt eine Vespa zu mieten.

Länge der Rundfahrt ab Vathí: ca. 60 km, Mindestzeitaufwand 6 Stunden.

Hinter der Bucht von *Dexiá (S. 33)* teilt sich die Inselstraße. Während die Hauptstraße immer hoch über der Westküste im Anblick der Nachbarinsel Keffaliniá entlangführt, durchquert eine zweite, kleinere Straße das karge Inselinnere. An ihr lohnen das *Kloster Katharón (S. 33)* und das völlig untouristische, auf 500 m Höhe gelegene Dorf *Anogí (S. 32)* mit seiner sehenswerten Kirche einen Halt. Von *Stávros (S. 34)* aus sollte man dann zunächst einen Abstecher zum Fischerhafen *Pólis* unternehmen und dann über *Fríkes* weiterfahren nach *Kióni (S. 33)* mit seinen schönen Tavernen am Meer. Anschließend geht es über die Inselhauptstraße zurück nach Vathí.

⑤ KEFALLINIÁS SCHÖNER NORDEN

Viele Natursehenswürdigkeiten, idyllische Dörfer und tolle Strände erwarten den Besucher des Inselnordens.

Länge der Rundfahrt ab Argostóli: ca. 140 km, Mindestzeitaufwand 12 Stunden.

Zunächst geht es einmal quer über die Insel in Richtung *Sámi*. Ein kurzer Abstecher führt hinauf zur Tropfsteinhöhle Drongaráti *(S. 40)* mit ihren künstlichen Lichteffekten. Wieder ganz anders ist die Höhle von *Melissáni (S. 43 f.)*, in der man unbedingt eine Bootsfahrt unternehmen sollte. Für eine Rast empfiehlt sich die Taverne am kleinen Quellteich von *Karavómilos (S. 41)* direkt am Meer, wo Kinder Enten füttern können. Über das nichtssagende *Agía Evfimía* geht es dann wieder hinüber zur Westküste und gleich hinter *Divaráta* kurvenreich bergab zum Kieselstrand von *Mírtos*. Nach einem Bad kehrt man zur Hauptstraße zurück, die hoch über der Küste am kahlen Berghang entlangführt. Ein Muß ist dann der Abstecher hinunter zum Dorf und zur Burg von *Ássos (S. 40)*, wo man auch gut zu Mittag essen kann. Tagesziel ist *Fiskárdo (S. 40 f.)* mit seinem schönen Hafen und historischen Ortskern. Für die Rückfahrt nach Argostóli bleibt man am besten auf der zwar gut ausgebauten, aber extrem kurvenreichen Hauptstraße, die über Divaráta und *Kardakáta* führt. Da Katzenaugen und Leitplanken am Straßenrand weitgehend fehlen, sollte man versuchen, diese Strecke noch bei Tageslicht zu bewältigen.

⑥ AUF DEN HÖCHSTEN BERG DER IONISCHEN INSELN

Die Südhälfte von Kefalliniá wird vom 1628 m hohen Berg Enos dominiert. Eine Asphaltstraße führt fast bis auf seinen Gipfel hinauf.

Länge der Rundfahrt ab Argostóli: ca. 110 km, Mindestzeitaufwand 9 Stunden.

Man verläßt Argostóli wieder auf der Straße in Richtung *Sámi*, von der die 7,5 km lange Asphaltstraße auf den Berg Enos abzweigt. Auf dem Rückweg biegt man dann kurz hinter einer NATO-Radarstation an der *Kapelle Ágios Eleuthérios* auf eine gute, unbeschilderte Staubstraße ab. Sie führt über die noch sehr ursprünglichen Dörfer *Tsarkassianós, Charákti* und *Ágios Nikólaos* zum *See von Ávithos (S. 40)*. Wer Asphalt bevorzugt, kann auch zunächst auf die Straße nach Sámi zurückkehren und von ihr kurz vor Sámi nach rechts abbiegen. Durch die Dörfer *Katapodáta* und *Zerváta* gelangt man so auf landschaftlich ebenfalls sehr schöner Strecke nach Charákti und zum See von Ávithos. Danach geht es durch grüne Täler und eine kleine Schlucht nach *Póros (S. 44)* an der Südküste weiter. Hier oder besser noch in *Skála (S. 45)* lädt der Strand zu einem Bad ein.

Auf dem Rückweg nach Argostóli lohnen die kurzen Abstecher ins Dorf *Kástro (S. 41)* und zum *Kloster Ágios Andréas (S. 41 f.)*. Wer den Tag in einer schönen Taverne ausklingen lassen möchte, kann im nahen *Peritáta* stets frischen Fisch genießen *(S. 46)*. Für einen Sundowner ist die Panorama-Terrasse der Pianobar in Kástro der beste Tip.

⑦ RUND UM DIE BLUME DER LEVANTE

Warum die Venezianer Zákinthos »Fior di Levante« nannten, kann man vor allem im grünen Osten der Insel nachempfinden. Die Westküste hingegen fasziniert durch ihre grandiosen Steilküsten.

Länge der Rundfahrt ab Zákinthos-Stadt: ca. 100 km, Mindestzeitaufwand 11 Stunden.

Am besten verläßt man die Inselhauptstadt in Richtung *Macherádo (S. 85)* mit seiner sehenswerten Kirche und einem interessanten Kloster. Danach steigt die Strecke weiter bergan. Hinter *Ágios Nikólaos* lohnt der Abstecher zum einsam gelegenen, jetzt verlassenen *Kloster Iperagáthu Siná (S. 84)*. Nächstes Ziel ist das Hochtal von *Kámbi (S. 83 f.)*, an dessen Rand man zum ersten Mal die Schönheit der hohen Steilküste genießen kann.

Gut ausgeschildert sind dann die Abstecher zum besonders sehenswerten *Kloster Anafonitría (S. 84)* und zum völlig einsam am Waldrand gelegenen *Kloster Ágios Georgíu Kremnón (S. 84)*. Von dort sind es nur noch wenige Minuten bis zur Steilküste hoch über dem Schiffswrack-Strand *(S. 85 f.)*.

In *Vólimes (S. 86)* lohnt ein kurzer Einkaufsbummel durch die vielen Geschäfte mit im Ort und anderswo hergestellten Souvenirs. Von dort gelangt man auch zum Küstenweiler *Ágios Nikólaos (S. 83)*, wo Bootstouren zur Blauen Grotte starten. Anschließend geht es auf einer landschaftlich sehr schönen Strecke, an der aber keine außergewöhnlichen Sehenswürdigkeiten mehr liegen, in die Inselhauptstadt zurück.

PRAKTISCHE HINWEISE

Von Auskunft bis Zoll

Hier finden Sie kurzgefaßt die wichtigsten Adressen und Informationen für Ihre Inselreise

AUSKUNFT

Griechische Zentrale für Fremdenverkehr
– *Neue Mainzer Str. 22, 60311 Frankfurt/Main,* Tel. 069/23 65 61-63
– *Wittenbergplatz 3a, 10789 Berlin,* Tel. 030/217 62 62-3
– *Abteistr. 33, 20149 Hamburg,* Tel. 040/45 44 98
– *Pacellistr. 5, 80333 München,* Tel. 089/22 20 35-6
– *Opernring 8, 1015 Wien,* Tel. 01/512 53 17/8
– *Löwenstr. 25, 8001 Zürich,* Tel. 01/221 01 05

ARZT

Eine medizinische Grundversorgung ist auf allen größeren Inseln gewährleistet. Die Ärzte sind gut ausgebildet, es mangelt jedoch an apparativen Hilfen. Bei ernsthaften Verletzungen oder Erkrankungen empfiehlt sich daher eine frühzeitige Heimreise, deren Kosten durch eine Versicherung gedeckt sein sollten.

Zwischen Deutschland und Griechenland besteht ein Sozialversicherungsabkommen, man kann sich auf den Inseln also auch auf Krankenschein behandeln lassen. Die Umtauschprozedur des deutschen Auslandskrankenscheins in einen griechischen Krankenschein ist jedoch umständlich; im allgemeinen zahlt man daher besser bar. Auch deswegen empfiehlt sich der Abschluß einer privaten Auslandskrankenversicherung für die Urlaubsdauer.

Apotheken gibt es in den größeren Inselorten; auf kleineren Inseln hält der Arzt Medikamente für den Notfall bereit.

AUTO

Für die Einreise mit dem eigenen Wagen genügen der nationale Führer- und Kraftfahrzeugschein; die Mitnahme der internationalen grünen Versicherungskarte wird empfohlen. Auf den Inseln ist das Tankstellennetz dicht, bleifreies Benzin ist vorhanden. Das Anlegen von Sicherheitsgurten ist für Fahrer und Beifahrer vorgeschrieben. Zulässige Höchstgeschwindigkeit in Städten 50 km/h, auf Landstraßen 80 km/h.

BANKEN

Griechische Währungseinheit ist die Drachme. Es gibt Banknoten zu 10 000, 5000, 1000, 500, 100 und 50 Drs., Münzen zu 100, 50, 20, 10 und 5 Drs.

Der Umtausch von Bargeld, die Einlösung von Eurocheques (Höchstsumme pro Scheck 50 000 Drs.) sowie Reiseschecks sind bei allen Banken und Postämtern möglich. Banken sind normalerweise Mo bis Do von 8 bis 14 Uhr und Fr von 8 bis 13.30 Uhr, Postämter Mo–Fr von 7 bis 15 Uhr geöffnet; in Touristikzentren manchmal auch am Nachmittag sowie Sa morgens.

Der Wechselkurs ist in Griechenland immer günstiger als bei uns. Die Einfuhr von Drachmen ist auf 100 000, die Ausfuhr auf 20 000 Drs. beschränkt.

Abhebungen vom Postsparbuch sind nicht möglich. Bargeldautomaten mehrerer Banken zahlen bis zu 100 000 Drs. auf die ec-Karte und auf Kreditkarten aus.

BOTSCHAFTEN UND KONSULATE

Deutsche Botschaft
Odós Karaolí ke Dimitríu 3, Athen, Tel. 01/728 51 11, Fax 725 12 05

Deutsches Konsulat
Odós Guilford 57, Korfu-Stadt, Tel. 0661/314 53, Fax 314 50

Österreichische Botschaft
Leofóros Alexándras 26, Athen, Tel. 01/821 10 36, Fax 821 98 23

Schweizer Botschaft
Odós Jassíu 2, Athen, Tel. 01/723 03 64, Fax 724 92 09

BUSSE

Linienbusse verkehren auf fast allen Ionischen Inseln. Die Fahrpreise sind niedrig. Fahrkarten verkauft der Schaffner im Bus.

CAMPING

Wildes Zelten ist verboten, an einsamen Stränden aber üblich. Auf vielen Inseln sind offizielle Campingplätze vorhanden, die meist nur zwischen Mai und September geöffnet haben.

EINREISE

Zur Einreise genügt ein gültiger Personalausweis. Kinder unter 16 Jahren müssen im Paß eines mitreisenden Elternteils eingetragen sein oder benötigen einen Kinderausweis.

FKK

Völlig nackt baden sollte man nur an einsamen Stränden. Oben ohne wird aber überall akzeptiert, auch an Hotel-Pools.

FLUGVERKEHR

Flughäfen besitzen die Inseln Korfu, Kefalliniá und Zákinthos; Lefkas-Stadt ist über den Flughafen Préveza auf dem Festland bequem zu erreichen. Querverbindungen zwischen den Inseln bestehen nicht. Von Athen aus werden alle Inseln mit Flughafen im Sommer täglich angeflogen.

FOTOGRAFIEREN UND FILMEN

Filmvorräte sollten mitgebracht werden, da Filme teuer sind und die Auswahl gering ist.

PRAKTISCHE HINWEISE

FREIER EINTRITT

Zwischen November und März ist der Eintritt in staatliche Museen und archäologische Stätten sonntags frei. Ermäßigungen erhalten Senioren über 65 Jahre aus EU-Ländern. Ständig freier Eintritt wird Kindern und Jugendlichen sowie Studenten aus EU-Ländern gewährt.

JUGENDHERBERGEN

Eine Jugendherberge gibt es nur auf Korfu, und zwar in Kontokáli, 7 km nördlich der Stadt.

KLIMA – REISEZEIT

Die Ionischen Inseln eignen sich nur im Sommerhalbjahr als Urlaubsziel. Da sie fast alle sehr stark vom Tourismus abhängen, sind zwischen Mitte Oktober und April viele Geschäfte, Restaurants und Hotels außerhalb der Inselhauptstädte geschlossen, wirken die Inseln in dieser Zeit fast geisterhaft leer. Die Verkehrsverbindungen sind ebenfalls stark eingeschränkt, das Wetter kann durch Stürme und Regenfälle auch äußerst ungemütlich werden.

Wer sich an all dem nicht stört, kann im April und Mai die schönste Blütenpracht erleben. Auch im Juni blüht noch viel. Von Juli bis Sept. fällt so gut wie kein Regen, Blumen und Felder verdorren. Erst ab Ende Okt. sprießt dann wieder frisches Grün.

MIETFAHRZEUGE

Auf nahezu allen Ionischen Inseln werden Mopeds, Motorräder und Autos vermietet. Mopeds und Motorräder sind häufig in schlechtem Zustand; ungeübte Fahrer verursachen viele Unfälle. Mietwagen werden von zahlreichen Unternehmen angeboten. Der Fahrer muß mindestens 21 Jahre alt sein, der nationale Führerschein genügt.

POST – TELEFON

Post und Telefon sind in Griechenland zwei getrennte Organisationen. Postämter gibt es in allen Städten und auf fast allen Inseln; sie sind Mo–Fr von 7 bis 15 Uhr geöffnet.

Die Telefongesellschaft OTE ist auch für die Annahme von Telegrammen zuständig. Büros findet man in allen Städten und in größeren Dörfern; auf kleinen Inseln und in kleinen Dörfern befindet sich das offizielle OTE-Telefon in Krämerläden oder Kaffeehäusern. Die Öffnungszeiten sind von Ort zu Ort unterschiedlich. Kartentelefone sind weit verbreitet; Telefonkarten erhält man in den OTE-Büros, an Kiosken und in Läden. Es gibt Telefonkarten für 100 Einheiten (1700 Drs.), 500 Einheiten (7000 Drs.) und 1000 Einheiten (11500 Drs.).

Vorwahlnummern:
Bundesrepublik Deutschland: 00 49;
Österreich: 00 43;
Schweiz: 00 41
anschließend Vorwahl der gewünschten Stadt ohne die Null. Die Vorwahl für Griechenland ist 0030.

SCHIFFSVERKEHR

Die Ionischen Inseln sind untereinander nur unzureichend

durch lokale Fährschiffe verbunden. Um von einer Insel zur anderen zu kommen, kann es notwendig werden, Festlandshäfen anzulaufen und Zwischenstrecken auf dem Festland, von einem Hafen zum anderen, zurückzulegen. Dies trifft insbesondere auf die Verbindung zwischen Korfu oder Paxi und Lefkas zu. Nähere Angaben finden Sie bei den einzelnen Inseln.

SPRACHE

Die Griechen sind stolz auf ihre eigene Schrift, die von keinem anderen Volk der Welt geschrieben wird (die Slawen benutzen das nur teilweise ähnliche kyrillische Alphabet). Für Aufschriften wird inzwischen häufig zusätzlich unsere lateinische Schrift verwendet. Trotzdem ist es hilfreich, die griechischen Buchstaben zu kennen.

Wie gibt man griechische Wörter in Lateinschrift wieder? Bis heute hat sich kein einheitliches System durchsetzen können. Wer nach Griechenland fährt, muß damit leben, daß ihm ein Wort in verschiedenen Schreibweisen begegnet. Im Text dieses Führers finden Sie die Worte in der Form, die am Ort selbst üblich ist und der Aussprache nahekommt.

Die richtige Betonung ist für das Verstandenwerden sehr wichtig. Deswegen tragen die griechische Worte auf der zu betonenden Silbe einen Akzent. Sie fehlen in diesem Reiseführer bei eingedeutschten Namen wie Athen oder Korinth und bei Straßennamen. Die Namen von Hotels und Tavernen sind nicht so umschrieben, wie man sie ausspricht, sondern so wiedergegeben, wie man sie auch auf Hinweisschildern findet.

Ein paar Wörter, wie »bitte«, »danke«, »guten Tag« oder »Auf Wiedersehen« sollte man als Besucher kennen (s. Sprachführer).

STROMSPANNUNG

220 Volt Wechselstrom. Wie bei uns werden Zweipunktsteckdosen benutzt.

TAXI

Taxis sind auf allen Inseln reichlich vorhanden. Nur in den größeren Städten wie Korfu sind sie mit Taxametern ausgerüstet. In allen anderen Fällen wird das Taxi als *Agoréon* bezeichnet, dessen Fahrer den Preis nach Kilometern berechnet. Eine Entfernungs- und Preistabelle muß in jedem *Agoréon* ausliegen.

TIERE

Hundehalter benötigen für ihr Tier ein auf englisch ausgefertigtes amtstierärztliches Gesundheitszeugnis (nicht älter als 14 Tage) und eine gültige Tollwut-Impfbescheinigung (nicht älter als 12 Monate).

TRINKGELD

10 bis 15 Prozent wie bei uns; Beträge unter 100 Drs. sind beleidigend.

ZEIT

In Griechenland ist es ganzjährig, auch während der Sommerzeit, eine Stunde später als bei uns.

PRAKTISCHE HINWEISE

ZEITUNGEN UND RADIO

Internationale Zeitungen und Zeitschriften sind in allen Urlaubszentren mit ein bis zwei Tagen Verspätung erhältlich. Über das Geschehen in Griechenland informieren die deutschsprachige, wöchentlich erscheinende »Athener Zeitung« und die englischsprachige Tageszeitung »Athens News«. Das deutschsprachige Programm der Deutschen Welle empfängt man auf Kurzwelle 6.075 kHz im 49-Meter-Band.

ZOLL

Innerhalb der EU gibt es für Privatreisende keine Zollgrenzen mehr. Das heißt, daß der Tourist alle Waren, die er für seinen persönlichen Verbrauch eingekauft hat, ohne Zoll- und Einfuhrbeschränkungen ein- und ausführen darf. Als »persönlicher Verbrauch« gelten unter anderem: bis zu 800 Zigaretten, 90 l Wein, 10 l Spirituosen. Für Duty-free-Käufe und Schweizer gelten geringere Freimengen.

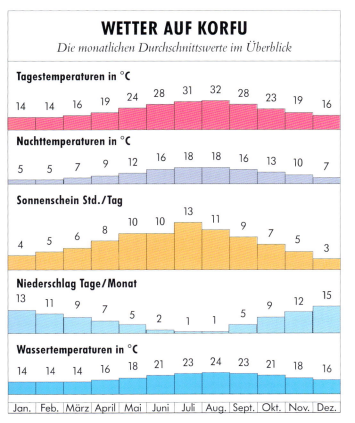

Bloß nicht!

*Ausgesprochene Touristenfallen sind selten,
aber ein paar Dinge sollte man wissen*

Geld wechseln
Geld wechseln und Schecks einlösen sollten Sie grundsätzlich nur in Banken und Postämtern. Die Reisebüros werben zwar mit Bankkursen, kassieren aber zwei Prozent Gebühren.

Telefonieren
Wer nicht vom Telegraphenamt OTE oder aus Telefonzellen telefoniert, sondern von Hotels, Kiosken und Reisebüros, muß einen Aufschlag bezahlen. Mehr als 50 Prozent des Preises der offiziellen Gebühreneinheit dürfen nicht verlangt werden.

Übervorteilt worden?
Wenn Sie sich übervorteilt fühlen, verlangen Sie für die gekaufte Ware oder Dienstleistung eine Rechnung und drohen Sie ruhig und gelassen, damit zur Touristenpolizei zu gehen. Hat Ihr Gegenüber ein schlechtes Gewissen, wird er es meistens nicht darauf ankommen lassen.

Nicht vorschnell urteilen
Nicht immer ist der Gast im Recht, der sich übervorteilt fühlt. Es gibt eine Reihe griechischer Eigenarten, die man kennen muß. Busfahrpreise z. B. können durchaus höher sein als auf der Fahrkarte angegeben: Die Busgesellschaften sind sparsam und brauchen erst die alten Tickets auf. Um kleine Wechselbeträge kümmert man sich in Griechenland nicht. Wenn der Fahrkartenverkäufer an der Fähre 900 Drachmen verlangt, obwohl die Fahrt nur 879 Drachmen kostet, wird die Aufrundung von jedem Griechen akzeptiert.

Altes und Antikes
Antiquitäten, alte Webarbeiten und Stickereien sowie alte Ikonen dürfen nur mit besonderer Genehmigung ausgeführt werden. Wer an antiken Stätten Steine aufhebt oder gar selbst zu graben beginnt, macht sich strafbar.

Handmade contra Handpainted
Die im Souvenirhandel erhältlichen Ikonen sind meist als Handmade ausgewiesen. Dabei handelt es sich in der Regel aber nur um einen per Hand gearbeiteten Siebdruck, nicht um eine wirklich mit der Hand gemalte Ikone.

Bekleidung
Am Strand und in den Badeorten sind Griechen nackter Haut gegenüber äußerst tolerant geworden. In Kirchen und Klöstern aber werden immer noch bedeckte Schultern und Knie gewünscht.

SPRACHFÜHRER GRIECHISCH

Sprechen und Verstehen ganz einfach

Zur Erleichterung der Aussprache sind alle griechischen Wörter mit einer einfachen Aussprache (in der mittleren Spalte) versehen. Folgende Zeichen sind Sonderzeichen:

'	die nachfolgende Silbe wird betont
ð	wie englisches »th« in »the«, mit der Zungenspitze hinter den Zähnen
θ	wie englisches »th« in »think«, mit der Zungenspitze zwischen den Zähnen

AUF EINEN BLICK

Ja.	nä.	Ναι.
Nein.	'ochi.	Όχι.
Vielleicht.	'issos.	Ίσως.
Bitte.	paka 'lo.	Παρακαλώ.
Danke.	äfchari'sto.	Ευχαριστώ.
Entschuldigung!	si'gnomi!	Συγνώμη!
Wie bitte?	o'ristä?	Ορίστε;
Ich verstehe Sie nicht.	ðä sass katala'wäno.	Δε σας καταλαβαίνω.
Bitte, wiederholen Sie es.	na to ksana'pite, paraka'lo.	Νά το ξαναπείτε, παρακαλώ.
Ich spreche nur wenig …	mi'lo 'mono liga …	Μιλώ μόνο λίγα …
Können Sie mir bitte helfen?	bo'ritä na mä woi'θisätä paraka'lo?	Μπορείτε να με βοηθήσετε, παρακαλώ;
Ich möchte …	'θälo …	θέλω …
Das gefällt mir nicht.	af'to ðän mu a'rässi.	Αυτό δεν μου αρέσει.
Haben Sie …?	'ächätä …	Έχετε …;
Wieviel kostet es?	'posso ko'stisi?	Πόσο κοστίζει;
Wieviel Uhr ist es?	ti 'ora 'inä?	Τι ώρα είναι;
Heute	'simära	Σήμερα
Morgen	'awrio	Αύριο

KENNENLERNEN

Guten Morgen!	kali'mära!	Καλημέρα!
Guten Tag!	kali'mära!/'chärätä!	Καλημέρα/Χαίρετε!
Guten Abend!	kali'spära!	Καλησπέρα!
Hallo! Grüß dich!	'jassu!	Γειά σου!
Wie geht es Ihnen/dir?	'poss 'istä?/'issä?	Πώς είστε;/είσαι
Danke.	äfchari'sto.	Ευχαριστώ.
Und Ihnen/dir?	äs'sis/äs'si?	Εσείς/εσύ;
Auf Wiedersehen!	a'dio!	Αντίο!
Tschüs!	'jassu!	Γειά σου!

UNTERWEGS

Auskunft

links/rechts	aristäˈra/ðaksˈja	Αριστερά/Δεξιά
geradeaus	efˈθia	Ευθεία
nah/weit	koˈnda/maykriˈa	Κοντά/Μακριά
Wie weit ist es zum/zur …?	ˈposso maˈkria ˈinä ja …?	Πόσο μακριά είναι για …;
Ich möchte … mieten.	ˈθälo na niˈkjasso …	Θέλω να νοικιάσω …
… ein Auto	ˈäna afto ˈkinito	ένα αυτοκίνητο
… ein Fahrrad	ˈäna poˈðilato	ένα ποδήλατο
… ein Boot	ˈmia ˈwarka	μια βάρκα
Bitte, wo ist …?	parakaˈlo, ˈpu ˈinä …?	Παρακαλώ, πού είναι …;

Panne

Ich habe eine Panne.	ˈäpaθa zimˈja.	Έπαθα ζημειά
Würden Sie mir bitte einen Abschleppwagen schicken?	θa boˈrussatä na mu ˈstilätä ˈäna ˈochima riˈmulkissis?	Θα μπορούσατε να μου στείλετε ένα όχημα ρυμούλκησης;
Wo ist hier in der Nähe eine Werkstatt?	ˈpu iˈparchi äˈðo konˈda ˈäna sinärˈjio?	Πού υπάρχει εδώ κοντά ένα συνεργείο;

Tankstelle

Wo ist bitte die nächste Tankstelle?	ˈpu ˈinä, sass parakaˈlo, to eˈpomäno wensiˈnaðiko?	Πού είναι, σας παρακαλώ, το επόμενο βενζινάδικο;
Ich möchte … Liter …	ˈθälo … ˈlitra …	Θέλω … λίτρα …
… Normalbenzin.	apˈli wänˈsini.	… απλή βενζίνη.
… Super./Diesel.	ˈsupär./ˈdisäl.	… Σούπερ./Ντήζελ.
… bleifrei/verbleit.	aˈmoliwði/mäˈmoliwðo.	… αμόλυβδη/με μόλυβδο.
… mit … Oktan.	mä … oˈktanja.	με … οκτάνια.
Volltanken, bitte.	jäˈmistä, parakaˈlo.	Γεμίστε, παρακαλώ.
Prüfen Sie bitte den Ölstand.	äksäˈtastä, parakaˈlo ti ˈstaθmi tu laðˈju.	Εξετάστε, παρακαλώ τη στάθμη του λαδιού.

Unfall

Hilfe!	woˈiθja!	Βοήθεια!
Achtung!/Vorsicht!	prossoˈchi!	προσοχή!
Rufen Sie bitte schnell …	kaˈlästä, parakaˈlo, ˈgrigora …	Καλέστε, παρακαλώ, γρήγορα …
… einen Krankenwagen.	ˈäna asθänoˈforo.	… ένα ασθενοφόρο.
… die Polizei.	tin astinoˈmia.	… την αστυνομία.
… die Feuerwehr.	tim piroswästiˈki ipiräˈsia.	… την πυροσβεστική υπηρεσία.
Geben Sie mir bitte Ihren Namen und Ihre Anschrift.	ˈpästä mu parakaˈlo to ˈonoma kä ti ðiäfθinˈsi sass.	Πέστε μου παρακαλώ το όνομα και τη διεύθυνσή σας.

SPRACHFÜHRER GRIECHISCH

ESSEN/UNTERHALTUNG

Wo gibt es hier …	pu i'parchi ä'ðo	Πού υπάρχει εδώ …
… ein gutes Restaurant?	'äna ka'lo ästia'torio?	… ένα καλό εστιατόριο;
Gibt es hier eine gemütliche Taverne?	i'parchi ä'ðo ta'wärna mä 'anäti at'mosfära?	Υπάρχει εδώ ταβέρνα με ανετη ατμόσφαιρα;
Reservieren Sie uns bitte für heute abend einen Tisch für 4 Personen.	kra'tistä mas paraka'lo ja 'simera to'wraði 'äna tra'päsi ja 'tässara 'atoma.	Κρατήστε μας παρακαλώ για σήμερα το βράδυ ένα τραπέζι για 4 άτομα.
Bezahlen, bitte.	paraka'lo, na pli'rosso.	Παρακαλώ, να πληρώσω.
Das Essen war ausgezeichnet.	to faji'to 'itan äksäräti'ko.	Το φαγητό ήταν εξαιρετικό.
Messer	ma'chäri	Μαχαίρι
Gabel	pi'runi	Πηρούνι
Löffel	ku'tali	Κουτάλι
Teelöffel	kuta'lakki	Κουταλάκι

EINKAUFEN

Wo finde ich …?	pu θa wro …?	Πού θα βρω …;
Apotheke	to farma'kio	το φαρμακείο
Bäckerei	to artopo'lio	το αρτοπωλείο
Fotoartikel	ta fotografi'ka 'iði	τα φωτογραφικά είδη
Kaufhaus	to polika'tastima	το πολυκατάστημα
Lebensmittelgeschäft	to ka'tastima tro'fimon	το κατάστημα τροφίμων
Markt	i ajo'ra	η αγορά

ÜBERNACHTUNG

Können Sie mir bitte … empfehlen?	bo'ritä paraka'lo na mu si'stissätä	Μπορείτε παρακαλώ να μου συστήσετε …
… ein Hotel	'äna ksänoðo'chio?	… ένα ξενοδοχείο;
… eine Pension	'mia pan'sjon?	… μια πανσιόν;
Ich habe bei Ihnen ein Zimmer reserviert.	'äðo sä sas 'äklissa 'äna ðo'matjo.	Εδώ σε σας έκλεισα ένα δωμάτιο.
Haben Sie noch Zimmer frei?	'ächätä a'kommi ðo'matja ä'läfθära?	Έχετε ακόμη δωμάτια ελεύθερα;
… für eine Nacht	ja mja 'nichta	… για μια νύχτα
… für zwei Tage	ja 'ðio 'märäs	… για δυο μέρες
… für eine Woche	ja mja wðo'maða	… για μια βδομάδα
Was kostet das Zimmer mit …	'posso ko'stisi to ðo'matjo mä	Πόσο κοστίζει το δωμάτιο με …
… Frühstück?	proi'no?	… πρωινό;
… Halbpension?	'mäna 'jäwma?	… μ'ένα γεύμα;

PRAKTISCHE INFORMATIONEN

Arzt

Können Sie mir einen guten Arzt empfehlen?	bo'ritä na mu siss'tissätä 'änan ka'lo ja'tro?	Μπορείτε να μου συστήσετε έναν καλό γιατρό;
Ich habe hier Schmerzen.	ä'ðo 'ächo 'ponnus.	Εδώ έχω πόνους.

Bank

Wo ist hier bitte ...	'pu 'inä ä'ðo paraka'lo ...	Πού είναι εδώ παρακαλώ ...
... eine Bank?	mja 'trapäsa?	... μια τράπεζα;
... eine Wechselstube?	äna gra'fio sina'lagmatos?	... ενα γραφείο συναλλάγματος;
Ich möchte ... DM (Schilling, Schweizer Franken) in Drachmen wechseln.	'θälo na a'lakso ... järmani'ka 'marka (sä'linia, älwäti'ka 'franga) sä ðrach'mäs.	Θέλω να αλλάξω ... γερμανικά μάρκα (σελίνια, ελβετικά φράγκα) σε δραχμές.

Post

Was kostet ...	'posso ko'stisi ...	Πόσο κοστίζει ...
... ein Brief ...	'äna 'gramma	... ένα γράμμα
... eine Postkarte ...	mja 'karta	... μια κάρτα ...
... nach Deutschland?	ja ti järma'nia?	... για τη Γερμανία;
Österreich/Schweiz	Afs'tria/Elwe'tia	Αυστρία/Ελβετία

Zahlen

0	mi'ðän	μηδέν	20	'ikossi	είκοσι
1	'äna	ένα	21	'ikossi 'äna	είκοσι ένα
2	'ðio	δύο	22	'ikossi'ðio	είκοσι δύο
3	'tria	τρία	30	tri'anda	τριάντα
4	'tässära	τέσσερα	40	sa'randa	σαράντα
5	'pändä	πέντε	50	pä'ninda	πενήντα
6	'äksi	έξι	60	ä'ksinda	εξήντα
7	ä'fta	εφτά	70	äwðo'minda	εβδομήντα
8	o'chto	οχτώ	80	og'ðonda	ογδόντα
9	ä'näa	εννέα	90	änä'ninda	ενενήντα
10	'ðäka	δέκα	100	äka'to	εκατό
11	'ändäka	έντεκα	200	ðia'kosja	διακόσια
12	'ðoðäka	δώδεκα	1000	'chilia	χίλια
13	ðäka'tria	δεκατρία	2000	'ðio chi'ljaðäs	δύο χιλιάδες
14	ðäka'tässära	δεκατέσσερα	10000	'ðäka chi'ljaðäs	δέκα χιλιάδες
15	ðäka'pändä	δεκαπέντε			
16	ðäka'äksi	δεκαέξι	1/2	to 'äna 'ðäftäro	(το) ένα δεύτερο
17	ðäkaä'fta	δεκαεφτά			
18	ðäkao'chto	δεκαοχτώ	1/4	to 'äna 'tätarto	(το) ένα τέταρτο
19	ðäkaä'näa	δεκαεννέα			

SPRACHFÜHRER GRIECHISCH

Κατάλογος φαγητών
Speisekarte

Πρωϊνό — FRÜHSTÜCK

Griechisch	Aussprache	Deutsch
Καφέ σκέτο	ka'fä 'skäto	ungesüßter Kaffee
Καφέ με γάλα	ka'fä mä 'jala	Kaffee mit Milch
Τσάι με λεμόνι	'tsai mä lä'moni	Tee mit Zitrone
Τσάι από βότανα	'tsai a'po 'wotana	Kräutertee
Σοκολάτα	soko'lata	Schokolade
Χυμό φρούτου	chi'mo 'frutu	Fruchtsaft
Αυγό μελάτο	aw'jo mä'lato	weiches Ei
Ομελέτα	omä'lätta	Omelette
Αυγά μάτια	aw'ja 'matja	Spiegeleier
Αυγά με μπέηκον	aw'ja mä 'bäikon	Eier mit Speck
Ψωμί/ψωμάκι/τοστ	pso'mi/pso'maki/'tost	Brot/Brötchen/Toast
Κρουασάν	kruas'san	Hörnchen
Φρυγανιές	frigan'jäs	Zwieback
Βούτυρο	'wutiro	Butter
Τυρί	ti'ri	Käse
Λουκάνικο	lu'kaniko	Wurst
Ζαμπόν	sam'bon	Schinken
Μέλι	'mäli	Honig
Μαρμελάδα	marmä'laða	Marmelade
Γιαούρτι	ja'urti	Joghurt
… με καρύδια	mä ka'riðja	… mit Walnüssen
Φρούτα	'fruta	Obst

Ορεκτικά/Σούπες — VORSPEISEN/SUPPEN

Griechisch	Aussprache	Deutsch
Ελιές	ä'ljäs	Oliven
Φέτα	'fäta	Scheibe Ziegenkäse
Μελιτζάνα σαλάτα	mäli'dsana sa'lata	Auberginensalat
Ντολμαδάκια	dolma'ðakja	Gefüllte Weinblätter (kalt)
Γίγαντες	'jigandäs	Pferdebohnen
Γαρίδες	ga'ridäs	Krabben
Τυρόπιτα	ti'ropitta	Käsetasche
Σαγανάκι	saga'naki	Gebratene Käsescheiben
Κοτόσουπα	kot'tosupa	Hühnersuppe
ψαρόσουπα	psa'rosupa	Fischsuppe
Ταραμοσαλάτα	taramosa'lata	Fischeiersalat
Ζωμός κρέατος	so'mos 'kräatos	Kraftbrühe
Τοματόσουπα	toma'tosupa	Tomatensuppe
Λαχανόσουπα	lacha'nosupa	Gemüsesuppe
Μαγειρίτσα	maji'ritsa	Ostersuppe

Σαλάτες		SALATE
Σκορδαλιά	skorðal'ja	Kartoffel-Knoblauch-Püree
Τομάτα	to'mata	Tomate
Αγγουράκια	angu'rakja	Gurken
Χωριάτικη	chor'jatiki	Bauernsalat
Μαρούλισαλάτα	ma'ruli sa'lata	Römersalat
Τζατζίκι	dsa'dsiki	Cremiges Joghurt mit geriebenen Gurken und Knoblauch
Λαχανοσαλάτα	lachanosa'lata	Krautsalat
Πατατοσαλάτα	patatosa'lata	Kartoffelsalat
Άγρια Χόρτα	'agria 'chorta	Unkrautsalat (Löwenzahn, Huflattich und Brennessel)

Ψάρια		FISCHGERICHTE
Αστακός λαδολέμονο	asta'kos laðo'lämono	Hummer mit Öl- und Zitronensoße
Γαρίδες	ga'riðes	Krabben
Χταπόδι	Chta'poði	Krake
Μπαρμπούνια σχάρας	bar'bunia 'ßcharas	Rotbarben gegrillt
Γλώσσα τηγανητά	'glossa tijani'ta	Seezunge gebraten
Μύδια	'miðia	Muscheln
Καλαμαράκια τηγανητά	kalama'rakja tigani'ta	Tintenfische gebraten
Μπακαλιάρος φουρνου	baka'ljaros 'furnu	Stockfisch im Backofen
Πέστροφα	'pästroffa	Forelle
Σολομός	solo'mos	Lachs
Κακαβιά	kakaw'ja	Bouillabaisse
Καραβίδες	kara'wiðes	große Scampi
Χριστόψαρο	chris'topsaro	Petersfisch
Σκουμπρί	skum'bri	Makrele
Κολοιός	kol'jos	Makrele
Τσιπούρα	tsi'pura	Dorade
Φαγκρι	fan'gri	Zahnbrasse
Τόνος	'tonnos	Thunfisch
Ξnφίας	ksi'fias	Schwertfisch

Πουλερικά και άγρια		GEFLÜGEL UND WILD
Κότα μέ σούπα αύγολέμονο	'kota mä 'supa awgo'lämono	Huhn in Zitronensuppe
Κοτόπουλο ψητό	ko'topulo psi'to	Brathuhn
Γαλοπούλα ψητή	galo'pula psi'ti	Truthahn gebraten
Κουνέλι	ku'näli	Kaninchen

SPRACHFÜHRER GRIECHISCH

Φαγητά μέ κρέας — FLEISCHGERICHTE

Μπόν φιλέ	bon fi'lä	Lendenfilet
Παϊδάκια αρνίσια	pai'ðakja ar'nisia	Lammkotelett
Μπριζόλες χοιρινές	bri'soläs chiri'näs	Schweinekotelett
Σουτζουκάκια	sudsu'kakja	Würstchen
Σουβλάκι	su'wlaki	Fleischspieß
Σουβλάκια	su'wlakja	Kleine Fleischspieße
Μπιφτέκι	bi'ftäki	Gehacktes vom Grill
Αρνί ψητό	ar'ni psi'to	Lammbraten
Αρνί στό φούρνο	ar'ni sto 'furno	Lammfleisch im Backofen
Μοσχάρι κοκκινιστό	mos'chari kokkini'sto	Kalbfleisch gedämpft
Μοσχάρι ψητό	mos'chari psi'to	Kalbsbraten
Μίξτ Γκριλλ	'mikst 'gril	Gemischtes vom Grill
Γουρουνόπουλο	guru'nopulo	Spanferkel gebraten
Γύρος	'jiros	Diverse Fleischsorten am senkrechten Drehspieß
Βοδινό φιλέτο ψητό	woði'no fi'läto psi'to	Rinderfilet
Κατσίκι	kat'siki	Zicklein

Λαχανικά — GEMÜSEGERICHTE

Ντολμάδες	dol'maðäs	Gefüllte Weinblätter (warm)
λάχανο	'lachano	Weißkohl
Αγκινάρες	angi'naräs	Artischocken
Μελιτζάνες γεμιστές	mäli'dsanäs jämi'stäs	Gefüllte Auberginen
Τομάτες γεμιστές	to'matäs jämi'stäs	Gefüllte Tomaten
Πιπεριές γεμιστές	pipä'rjäs jämi'stäs	Gefüllte Paprikaschoten
Τουρλού	tur'lu	Bunter Gemüseeintopf
Φασολάκια	faso'lakja	Grüne Bohnen
Μουσακάς	mussa'kas	Auberginen-Fleisch-Auflauf
Μπάμιες	'bamjäs	Okras
Πιπεριές τηγανητές	pipä'rjäs tigani'täs	Paprika gebraten
Παστίτσιο	pa'stitsjo	Nudelauflauf mit Fleischfüllung
Κολοκυθάκια	koloki'θakja	Zucchini
Φασόλια	fas'solja	Weiße Bohnen
Πατάτες τηγανητές	pa'tatäs tigani'täs	Pommes frites
Σπανακόρυζο	spana'koriso	Spinat mit Reis

Επιδόρπια		**NACHSPEISEN**
Μπακλαβάς	bakla'was	Blätterteig in Sirup mit Nußfüllung
Κρέμα	'kräma	Griespudding
Ρυζόγαλο	ri'sogalo	Reispudding
Σταφύλια	sta'filia	Trauben
Καρπούζι	kar'pusi	Wassermelone
Πεπόνι	pä'poni	Honigmelone
Ροδάκινα	ro'ðakina	Pfirsiche
Μήλο	'milo	Apfel
Αχλάδι	ach 'laði	Birne

Ποτά
Getränke

ΑλκοοΆλούχα ποτά		**ALKOHOLISCHE GETRÄNKE**
Ούζο	'uso	Anisschnaps
Άσπρο κρασί	'aspro kras'si	Weißwein
Κόκκινο κρασί	'kokkino kra'si	Rotwein
Χύμα	'chima	Wein vom Faß
Ξερό	kse'ro	trocken
Ημίγλυκο	i'miglikko	halbtrocken
Ρετσίνα	rä'tsina	Geharzter Weißwein
Κονιάκ	kon'jak	Weinbrand
Τσίπουρο	'tsippuro	Tresterschnaps
Μπύρα	'bira	Bier

Μη αλκοολούχα ποτά		**ALKOHOLFREIE GETRÄNKE**
Φραππέ	frap 'pä	Kalter Kaffee
Ελληνικός καφές	älini'kos ka'fäs	Griechischer Mokka
Τσάι	tsai	Tee
Πορτοκαλάδα	portoka'laða	Orangeade
Λεμονάδα	lämo'naða	Limonade
Μέταλλικό νερό	mättali'ko nä'ro	Mineralwasser

REISEATLAS IONISCHE INSELN

Reiseatlas
Ionische Inseln

*Die Seiteneinteilung für den Reiseatlas finden Sie
auf dem hinteren Umschlag dieses Reiseführers*

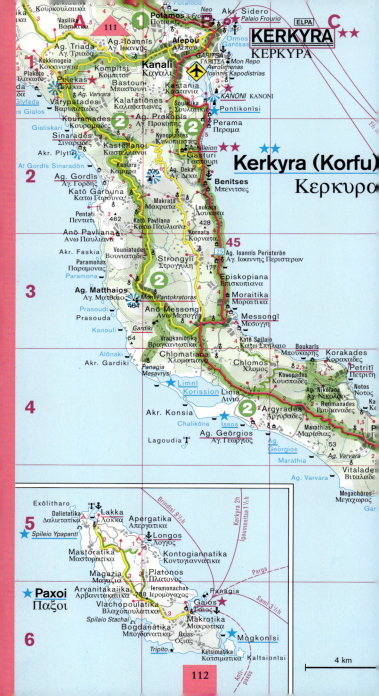

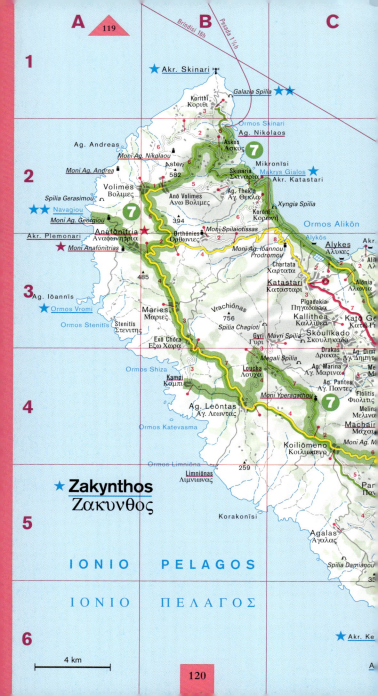

In diesem Register finden Sie alle im Führer genannten Inseln, Orte und die meisten Sehenswürdigkeiten. Kursive Seitenzahlen verweisen auf Fotos, halbfette auf den Haupteintrag.

ITHÁKI
Aetós 32
Anogí **32,** 93
Arethusa-Quelle 32 f.
Dexiá-Bucht **33,** 93
Filiatra-Beach 33
Fríkes 35, 47, 93
Itháki (Insel) 5 f., 8 f., 12, 16, **31–35,** 93
Kióni 32, **33, 35,** 93
Kloster Katharón **33,** 93
Nymphengrotte 33
Perachóri 29, 31 f., **33** f.
Pisoaetos 47
Platrithiás 34
Pólis 93
Stavrós 29, 32, **34,** 93
Vathí 29, 31 f., **34 f.,** 47, 93

Hotels
Kioni, Kióni 35
Mentor, Vathí 35
Nostos, Fríkes 35
Odysseus, Vathí 35

KEFALLINIÁ
Agía Evfimía 35, 47, 93
Ágios Níkolaos 94
Anomeriá 47
Argostóli 28 f., 37, **38 ff.,** 42 ff., **45 ff.,** 93
Ássos 37 f., **40, 46,** 93
Avíthos-See **40,** 94
Charákti 94
Divaráta 93
Drongaráti-Höhle **40,** 93
Énos 40
Fiskárdo 15, 35, 37 f., **40 f., 45 f.,** 47 93
Karavómilos 39, **41,** 45, 93
Kardakáta 93
Kástro **41,** 94
Katapodáta 94
Kefalliniá (Insel) 5 f., 8 f., 12–14, *24,* 25, 31, **37–47,** 93 f., 96
Kloster Ágios Andréas **41 f.,** 94
Kloster Ágios Gerássimos 29, 38, **42**
Kloster Kipuréon 42
Lássi-Halbinsel *36,* **42 f.**
Lixúri 29, 37, **43, 45,** 47
Melissáni-Höhle 38 f., **43 f.,** 93

Metaxáta 44
Mirtos 93
Palíki-Halbinsel 37 f., **46 f.**
Peritáta **46,** 94
Pessáda 47, 83, 89
Póros 38, **44,** 47, 94
Sámi 35, 38, **44–47,** 93
Skála **45,** 94
Tsarkassianós 94
Zerváta 94

Hotels
Ássos, Ássos 46
Castello, Argostóli 46
Cephalonia Star, Argostóli 46
Filoxenia, Fiskárdo 46
Hara, Argostóli 46
Ionian Plaza, Argostóli 46
Ionian Sea, Kunópetra 46
Karavados Beach, Karavados 46
Pericles, Sámi 46 f.
Remetzo, Kunópetra 47
White Rocks, Platis Jálos 47

KORFU
Acharávi 50, **59, 65,** 69, 91
Achíllion *48,* 50, 58, **66,** 92
Ágios Górdios **66, 69**
Ágios Jáson ke Sossípatros-Kirche 51
Ágios Márkos 92
Ágios Matthéos **66,** 92
Ágios Nikólaos **66,** 92
Ágios Spirídonos-Kirche 51 f.
Ágios Stéfanos **59, 65**
Alíkes 65, **66**
Alte Festung 50, **52,** *53*
Angelókastro 50, **59,** 91
Ano Korakiána 92
Argirádes 92
Artemis-Tempel 52
Basilika von Paleópolis 52 f.
Benítses **66,** 92
Britischer Friedhof 53
Búkari 50, **66–69,** 92
Danília 59 f.
Dassiá 92

Drossáto 91
Ermónes **60, 64**
Esplanade 53 f.
Gardíki **67,** 92
Gebäude der Lesegesellschaft 54
Gialiskári 92
Glifáda **67, 69**
Guviá **59, 64,** 92
Ipsos 92
Kalámi *6,* 59 f.
Kanóni 51, **67**
Kassiópi 11, *60,* **61,** 69, 91
Káto Garoúna 92
Kávos 67
Kloster Agíi Theodóri 54
Klosterinsel Vlachérna 67
Kontokáli 92, 97
Korfu (Insel) 5 f., 8 f., 12, 14, 17, 25, *26,* 47, **49–71,** 91 f., 96, 98
Korfu-Stadt 27 ff., 35, 49, **50–58,** 70 f., 91 f.
Korissión-See 49, 65, **67,** 92
Kouspádes 92
Kremasti-Brunnen 54
Kulúra *6,* **59 f.**
Lákones **61, 63,** 91
Lefkímmi **68,** 92
Makrádes **61, 63,** 91
Marathiás **68,** 92
Menekrates-Cenotaph 54
Messóngi 68
Mon Repos 54
Moraítika **68,** 92
Neue Festung 50, **54**
Palast St. Michael und St. George 54 f.
Paleokastrítsa 50, **61, 64,** 91
Paleo Períthia **61** f., 91
Panagía Spiliótissa-Kirche 55
Pantokrator 59, **62,** 91 f.
Pélekas **62, 65,** 92
Peruládes 62
Petríti **68 f.,** 92
Pírgi 92
Pisoaétos 35
Pondikoníssi 50, **67**

REGISTER

Psathílas 91
Rathaus 55
Róda 91
Rópa-Ebene 62 f.
Schulenburg-Denkmal 55
Sidári 50, **63**, 69 f., 91
Sinarádes 66, **68,** 92
Striníllas 62
Tsolú 92
Vido 56
Vístonas 91
Hotels
Ágios Górdios, Ágios Górdios 69
Akrotiri Beach, Paleokastrítsa 64
Astron, Korfu-Stadt 58
Bella Venezia, Korfu-Stadt 58
Cavalieri, Korfu-Stadt 58
Corfu Palace, Korfu-Stadt 58
Debono, Guviá 64
Egripos, Petríti 69
Ermones Beach, Ermónes 64
Glifáda Beach, Glifáda 69
Grecotel Daphnila Bay, Dassiá 64 f.
Helios, Vurkári 69
Hermes, Korfu-Stadt 58
Ionian Princess, Acharávi 64
Maria's Place, Pélekas Beach 65
Nikos, Pélekas 65
Regina, Vurkári/Petríti 69
Saint George's Bay Country Club, Acharávi 65
Saint Stéfanos, Ágios Stéfanos 65

LÉFKAS
Ágios Nikítas 93
Athani 92
Drimónas 93
Exanthía 93
Kap Dukáto 74, **75,** 93
Kariá 29, **74**
Kloster Ágios Jánnis sto Rodáki 74
Kloster Faneroménis **74 f.,** 93
Komílio 93
Lefkáda 29, 73 f., **75, 77 f.,** 92, 96

Léfkas (Insel) 5 ff., 8 f., 11 f., 16, 28, **73–79,** 92 f., 98
Lefkáta-Halbinsel **75 f., 78,** 92
Ligiá **76,** 92
Nidrí 35, 47, 74, **76,** 78, 92
Póros 74, **76,** 78, 92
Pórto Katsíki 93
Santa Maura 76
Vassilikí 35, 47, 73, **76 ff.,** 92
Vlícho 74, **76**
Hotels
Apollo, Vassilikí 77
Byzantio, Lefkáda 77
Karia Village, Kariá 77
Léfkas, Lefkáda 77
Porto Galini, Maganá Nikianás 77 f.

ZÁKINTHOS
Ágios Nikólaos **83, 89,** 94
Alikés 83
Áno Gerakári 83
Argássi 83
Blaue Grotten 82, **83**
Bocháli 81 f., **83, 87**
Gíri 82, **83**
Kalamáki 85
Kambí **83 f.,** 94
Kéri **84,** 88
Kloster Ágios Georgíu Kremnón **84,** 85, 94
Kloster Anafonitría **84,** 94
Kloster Iperagáthu Siná **84,** 94
Laganás 15, 81, **85, 87, 89,** 94
Límni Keriú 84
Lúcha 82, **85**
Macherádo 28, **85,** 94
Navagiou 82, **85 f.**
Ormos Vromí 85
Pórto Limnióna 85
Schiffswrack-Strand 82, **85 f.,** 94
Skinári 47, **83,** 89
Skopós-Halbinsel 86
Tsiliví 86
Vassilikós 88
Vólimes **86,** 94
Zákinthos (Insel) 5–9, 12–14, 16, 25, 28, **81–90,** 94
Zákinthos-Stadt 18, 28 f., 80, 82, **86–89,** 94

Hotels
Apeláti, Kéri 88
Bitzaro, Zákinthos-Stadt 88
Palatino, Zákinthos-Stadt 88
Pórto Koúkla Beach, Lithákia 88
Vassiliko Beach, Vassilikós 88

SONSTIGE ORTE, INSELN UND AUSFLUGSZIELE
Antipáxi 71
Arpía (Insel) 90
Astakós (Festland) 35, 47
Eríkussa (Insel) 6, 50, **69 f.**
Gáios (Paxi) 70 f.
Igumenítsa (Festland) 35, 47, 51
Kálamos (Insel) 78
Kastós (Insel) 78
Katoméri (Meganíssi) 78
Killíni (Festland) 47, 89
Kíthira (Insel) 12, 15, 53, **89**
Lákka (Páxi) 70 f.
Lóngos (Páxi) 70
Madúri (Insel) 76
Mathráki (Insel) 70
Meganíssi (Insel) 6, 76, **78 f.**
Mítikas (Festland) 78
Nikópolis (Festland) 74, **79**
Olympia (Festland) 82, **89 f.**
Othoní (Insel) 5 f., **70**
Pátras (Festland) 35, 47
Páxi (Insel) 5 f., 12, 35, 47, 50, 53, **70 f.,** 98
Pórto Spília (Meganíssi) 78 f.
Préveza (Festland) **79,** 96
Skórpios (Insel) 5, 73 f., **79**
Spartochóri (Meganíssi) 78
Stamfáni 90
Strofaden (Insel) 14, **90**
Vathí (Meganíssi) 78
Vónitsa (Festland) 79
Hotels
Eríkussa, Eríkussa 69 f.
Margerita, Kíthira 89
Meganisi, Meganíssi 79
Othoní, Othoní 70
Paxos Beach, Páxi 71

Was bekomme ich für mein Geld?

 Eine Mark ist zur Zeit 176 Drs. wert. In einfachen Kaffeehäusern bekommt man eine Tasse Nescafé für 200 Drs., in schicken Cafés zahlt man dafür allerdings bis zu 600 Drs. Ebenso kann eine Halbliterflasche Bier 300 Drs., aber auch 700 Drs. kosten. Für ein Kilo Fisch der besten Sorte zahlt man zwischen 6000 und 9000 Drs., für ein Kilo Langusten zwischen 7000 und 15000 Drs. Eine normale Mahlzeit bekommt man inklusive einfachen Tafelweins schon ab 1600 Drs./Person.

Bei den Übernachtungskosten sind die Preisunterschiede für gleiche Leistungen weniger kraß. Einfache Doppelzimmer mit Dusche/WC bekommt man schon ab 4500 Drs.; für gute Doppelzimmer in Hotels muß man während der Hochsommermonate mit etwa 10000 bis 17000 Drs. rechnen.

Der Eintritt in Museen ist sonntags frei; sonst werden zwischen 400 und 800 Drs./Person verlangt. Die Fähre von Korfu nach Páxi kostet unter 1000 Drs., eine Taxifahrt etwa 120 Drs./km, eine Reise im Linienbus etwa 18 Drs./km.

 Kreditkarten werden von nahezu allen Hotels, Reisebüros und Mietwagenfirmen sowie vielen Restaurants akzeptiert.

DM	Drs	Drs	DM
1	176	100	0,57
2	353	250	1,42
3	529	500	2,84
4	705	750	4,25
5	882	1.000	5,67
10	1.764	1.500	8,51
20	3.527	2.000	11,34
30	5.291	3.000	17,01
40	7.055	4.000	22,68
50	8.818	5.000	28,35
60	10.582	6.000	34,02
70	12.346	7.500	42,52
80	14.109	10.000	56,70
90	15.873	12.500	70,88
100	17.637	15.000	85,05
200	35.273	25.000	141,75
300	52.910	40.000	226,80
500	88.183	50.000	283,50
750	132.275	75.000	425,25
1.000	176.367	100.000	567,00

Bei Scheckzahlung/Automatenabhebung am Urlaubsort berechnet die Heimatbank die obenstehenden Kurse. Stand: April 1998.

Damit macht Ihre nächste Reise mehr Freude:

Die neuen Marco Polo Sprachführer. Für viele Sprachen.

Sprechen und Verstehen ganz einfach. Mit Insider-Tips.

Das und vieles mehr finden Sie in den Marco Polo Sprachführern:
- Redewendungen für jede Situation
- Ausführliches Menü-Kapitel
- Bloß nicht!
- Reisen mit Kindern
- Die 1333 wichtigsten Wörter